ERSTAUSSTATTUNG FÜR BABYS HÄKELN

Erstausstattung FÜR BABYS häkeln

RUTH MAIERL

CV

Inhalt

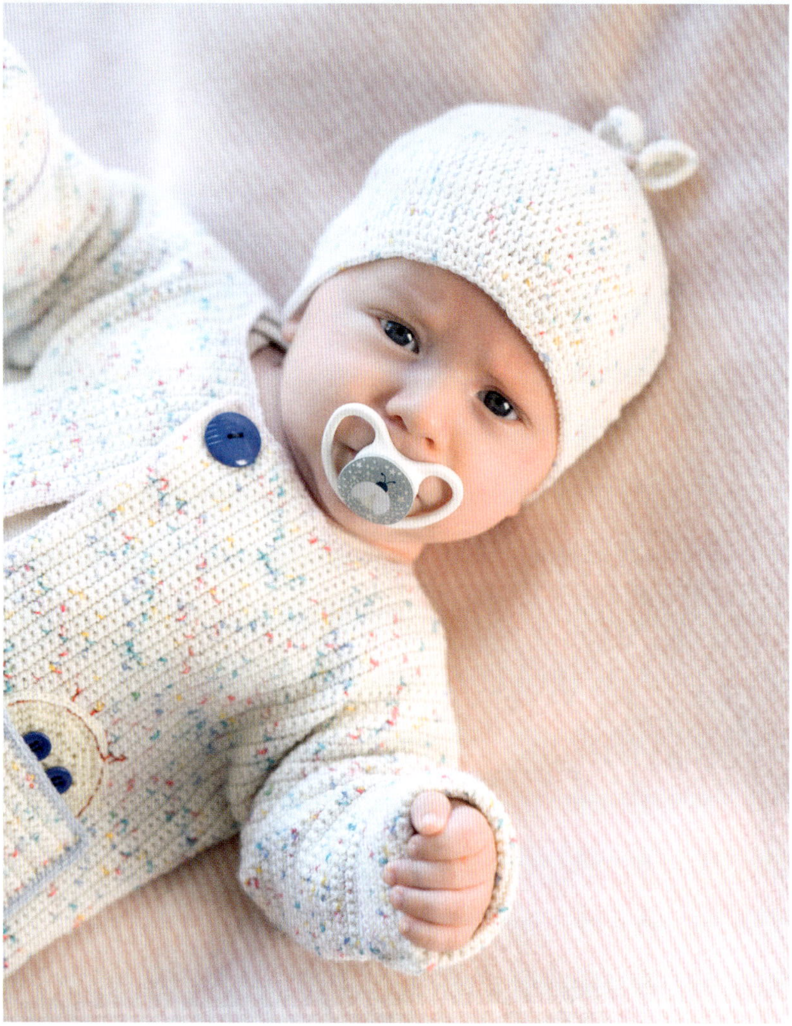

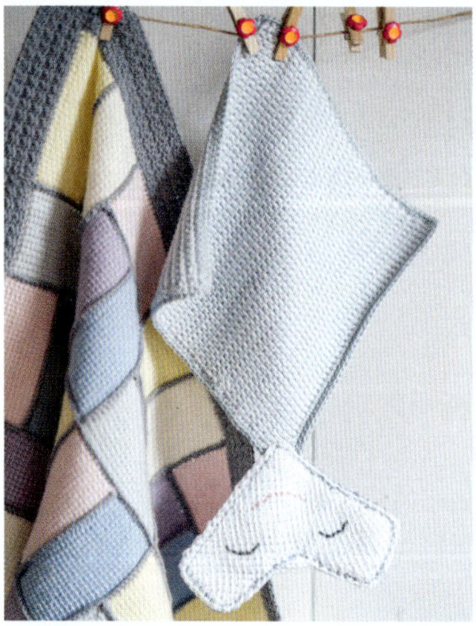

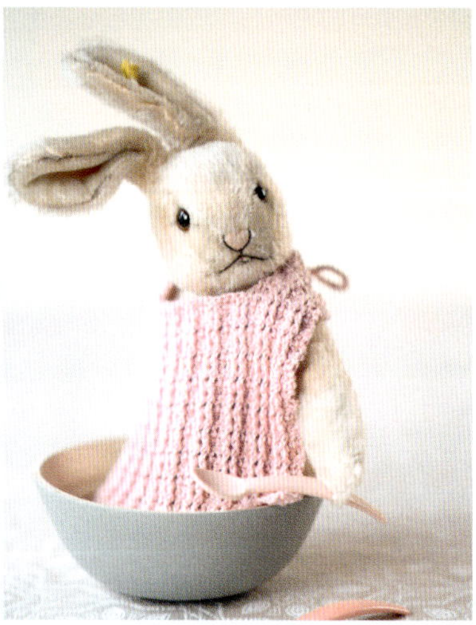

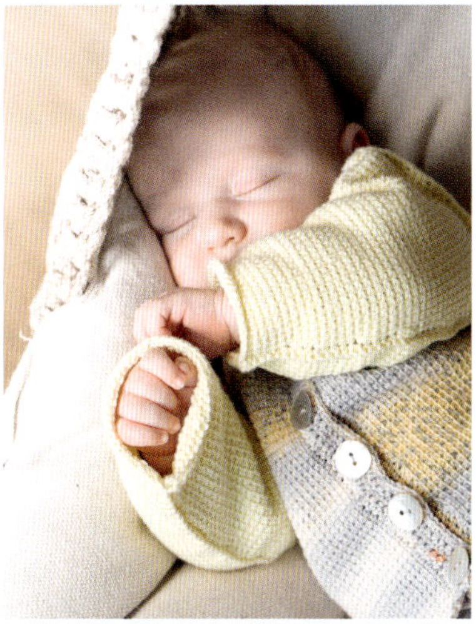
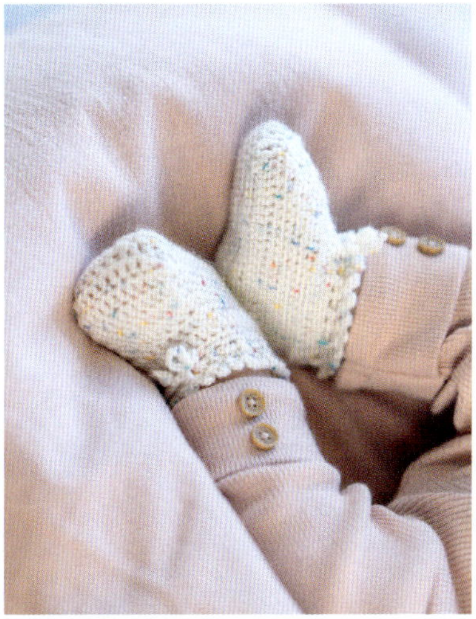
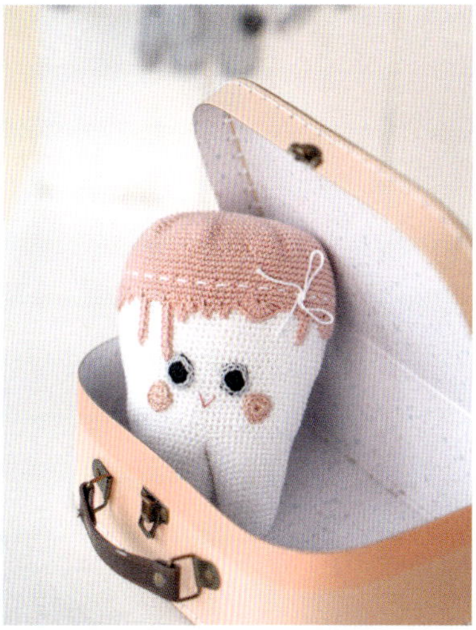
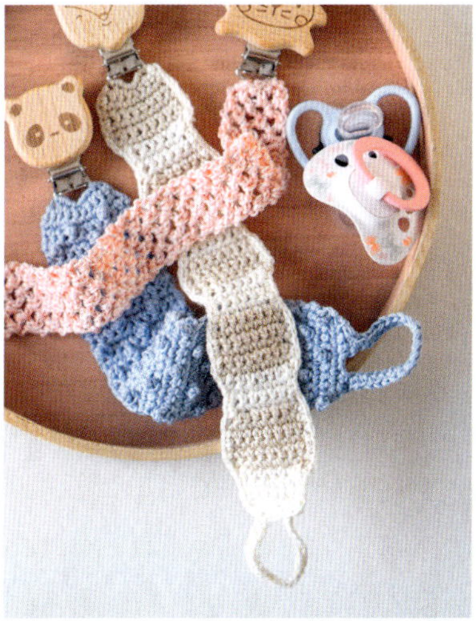
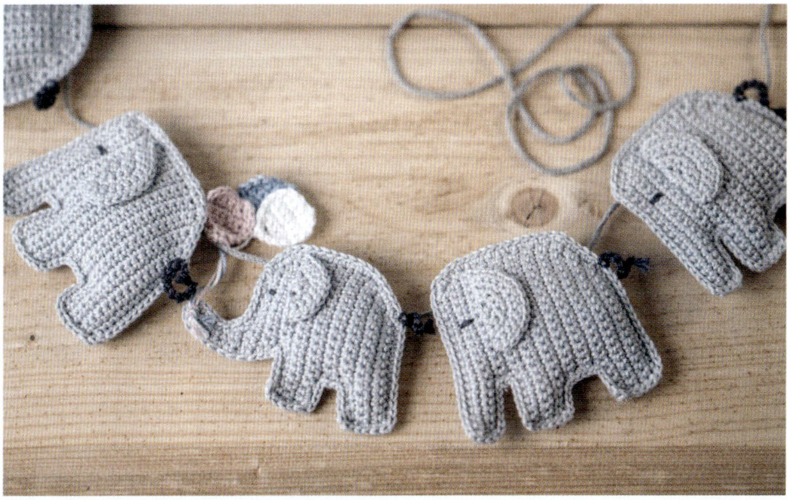
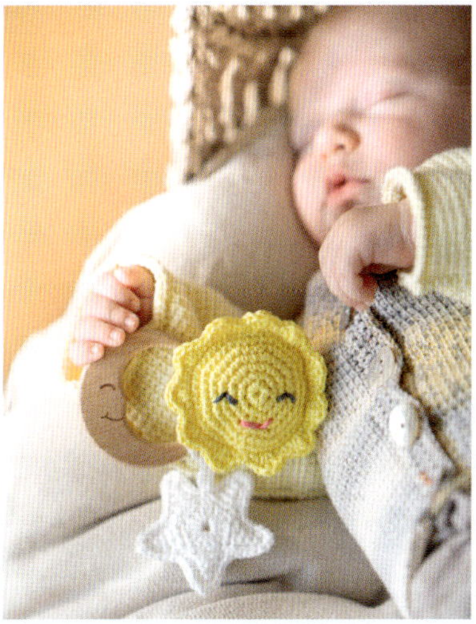
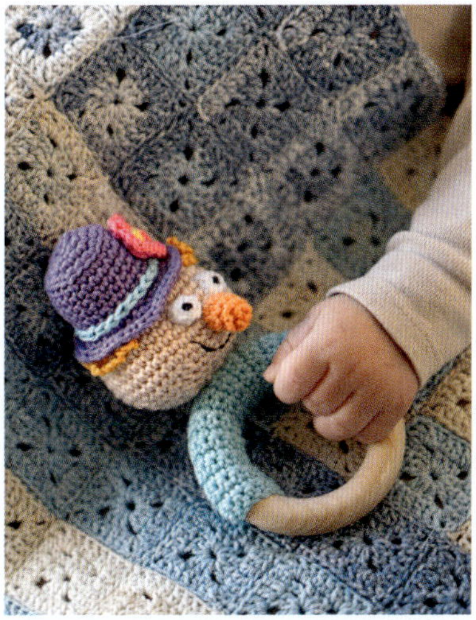
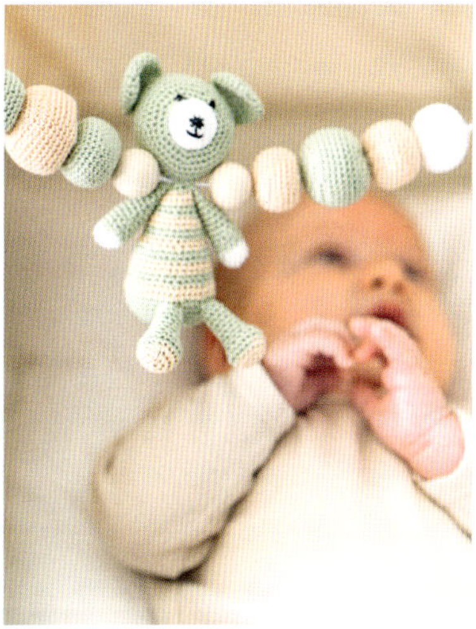

Vorwort

Wenn ich einen Streifzug durch Wollgeschäfte (persönlich oder virtuell) mache und eine tolle Wolle entdecke, habe ich schnell eine Idee im Kopf, was ich daraus häkeln könnte und möchte sofort loslegen. Bei einem Besuch in einem neueröffneten Wollgeschäft in meiner Heimatstadt entdeckte ich eine schöne Babywolle und die erste Babydecke war kreiert! Weitere Babydecken folgten und dazu gesellten sich Jäckchen, Mützchen und viele kleinere Projekte, die die Erstausstattung für Babys ergänzen.

Jedes Projekt für dieses Buch habe ich mit viel Liebe entworfen und umgesetzt, und für alle Häkelbegeisterten eine bunte Auswahl wunderschöner Häkelideen fürs Baby zusammengestellt.

Dieses Buch wendet sich an werdende Mütter, an werdende Großmütter, an Taufpaten und an alle Handarbeitsbegeisterten, die ein Geschenk zur Geburt oder Taufe suchen!

Für alle in diesem Buch vorgestellten Modelle wurden hauptsächlich Naturgarne verwendet und es wurde auf Pflegeleichtigkeit geachtet. Die ausgesuchten Garne sind vor allem besonders zart und verwöhnen die Babyhaut!

Die Anleitungen bitte immer zuerst bis zum Ende durchlesen, damit bei der Ausführung des Projektes keine Überraschungen auftauchen. Beim Häkeln wünsche ich jeder und jedem genauso viel Spaß und Freude, wie ich es hatte.

Ihre
Ruth Maierl

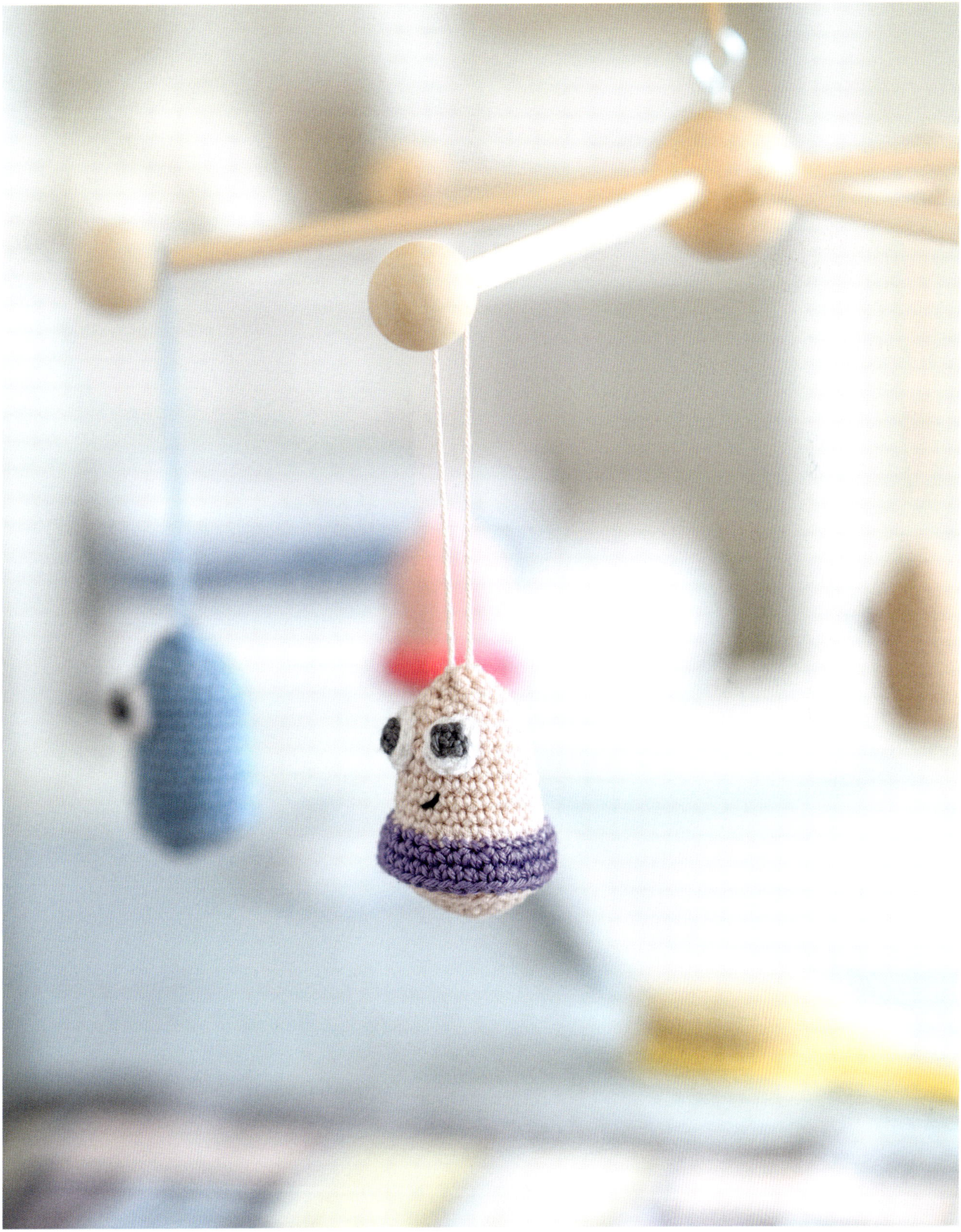

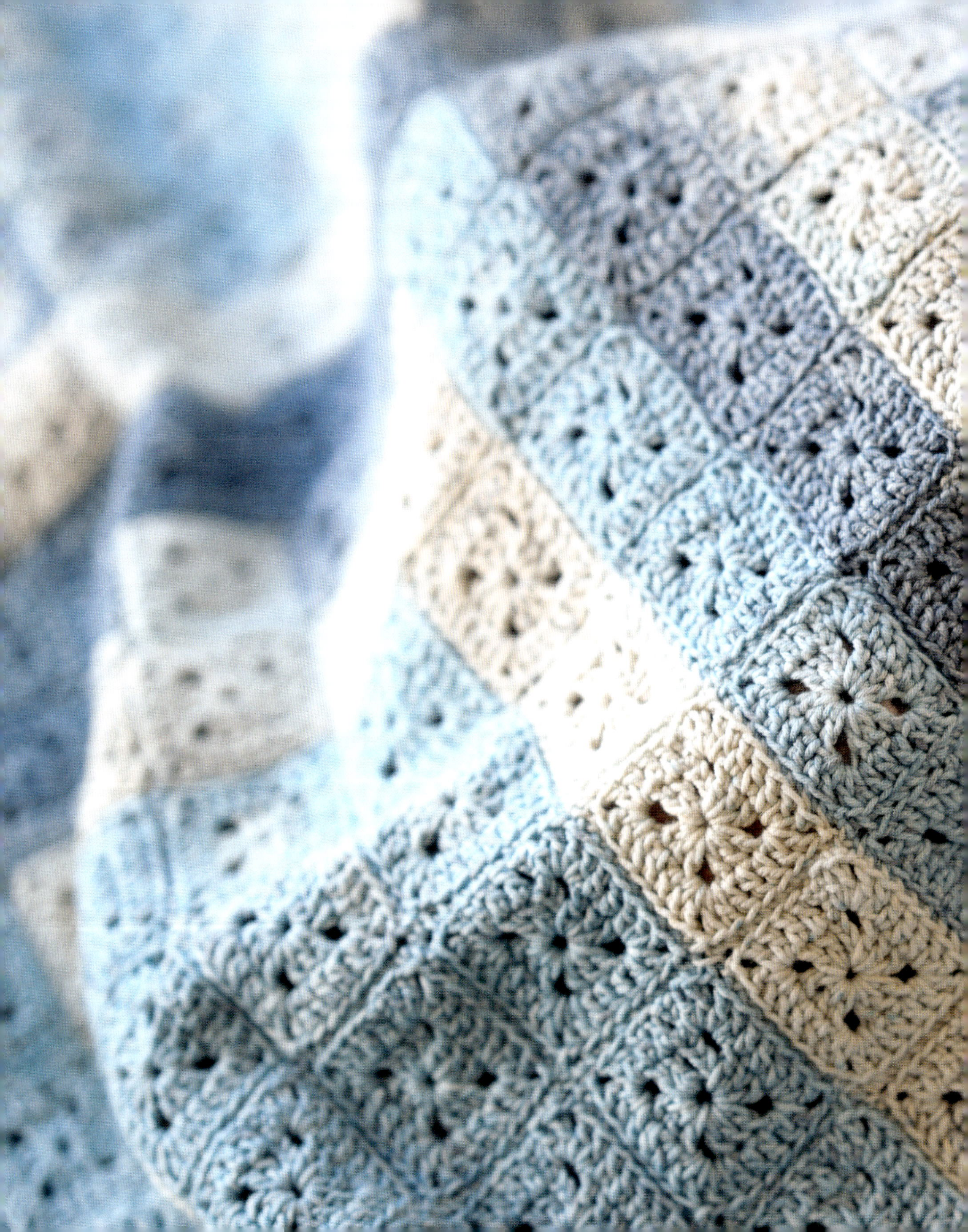

Die Projekte

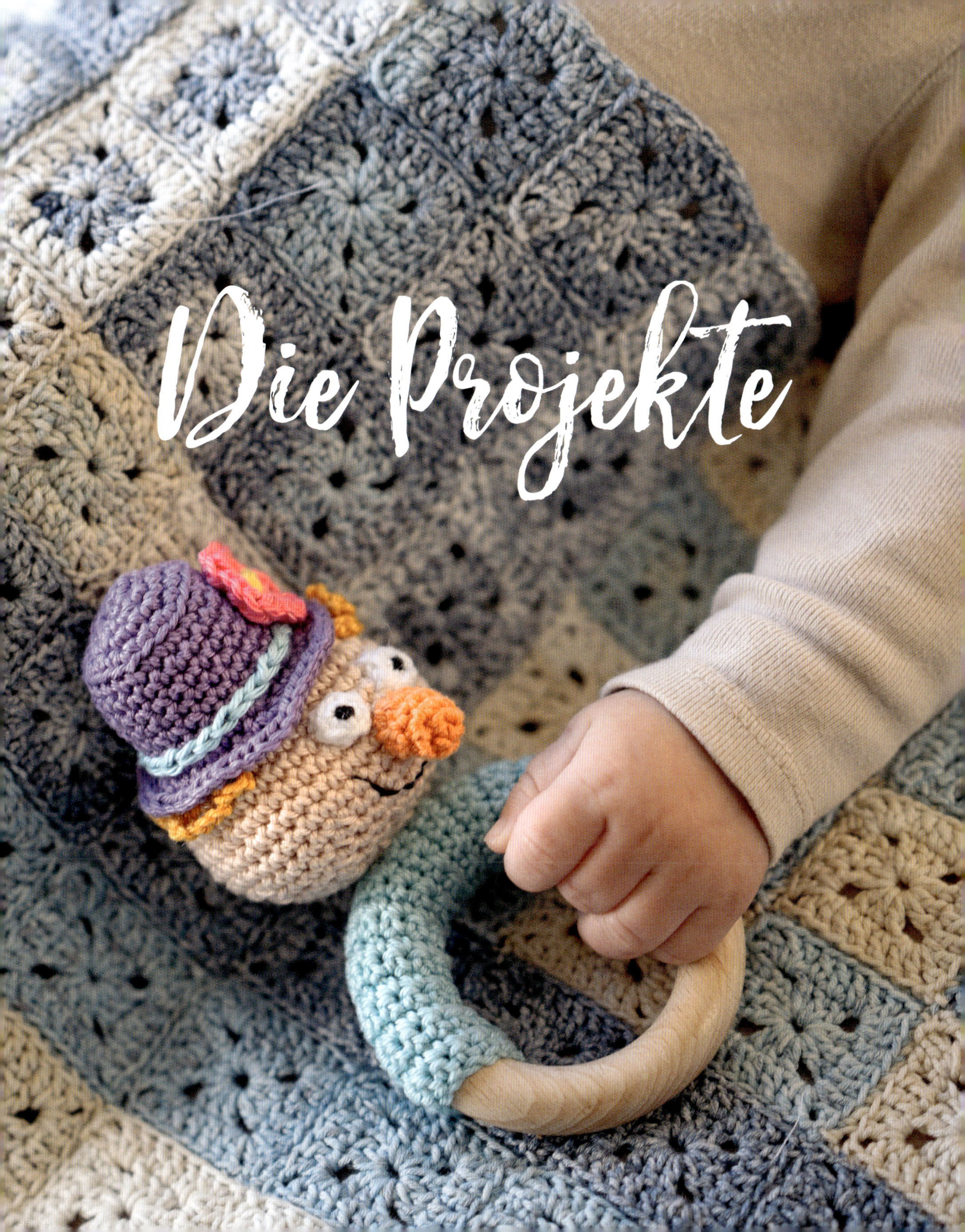

Babydecke »Farbenspiel«

MASSE: 65 x 70 cm

MATERIAL

Linea Pura Aruba von Lana Grossa, 300 g in Eis-Grau-blau-Ecru (9)
Häkelnadel Nr. 3,5

Grundmuster:
Mini Granny Squares.
Häkeln, wie die Farben der Wolle erscheinen.

Farbschema „Farbenspiel"

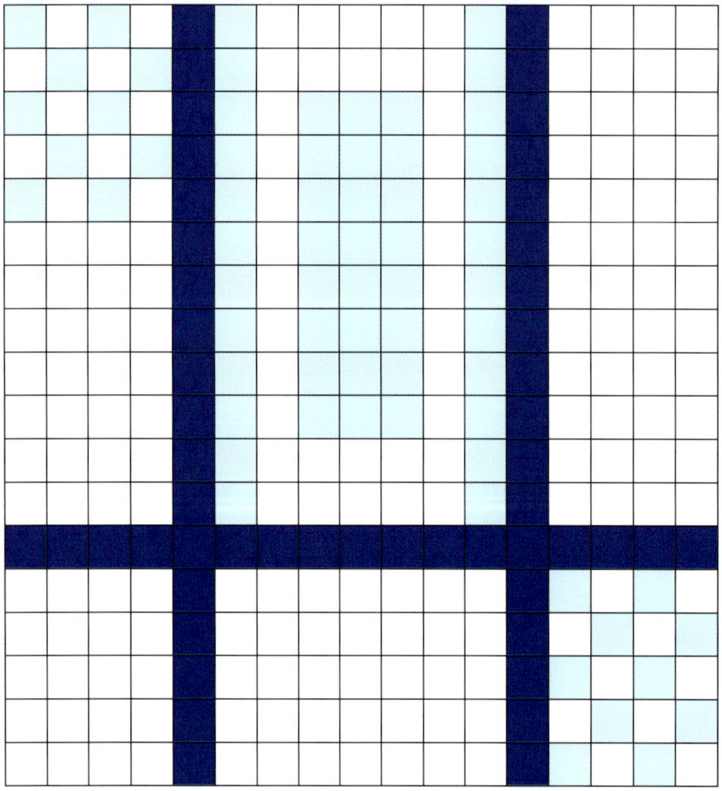

Legende

= 1 Quadrat in weiß

= 1 Quadrat in hellblau

= 1 Quadrat in dunkelblau

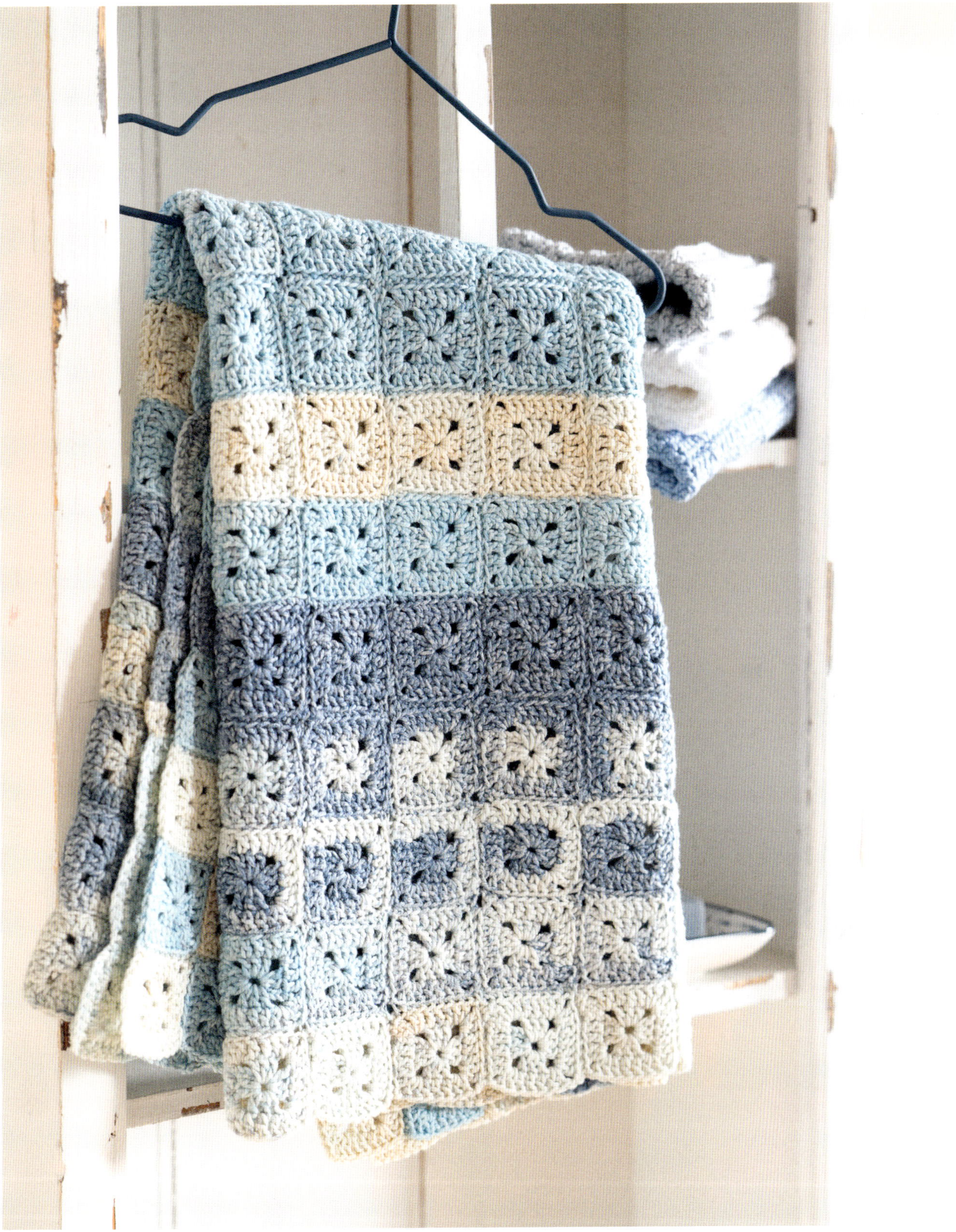

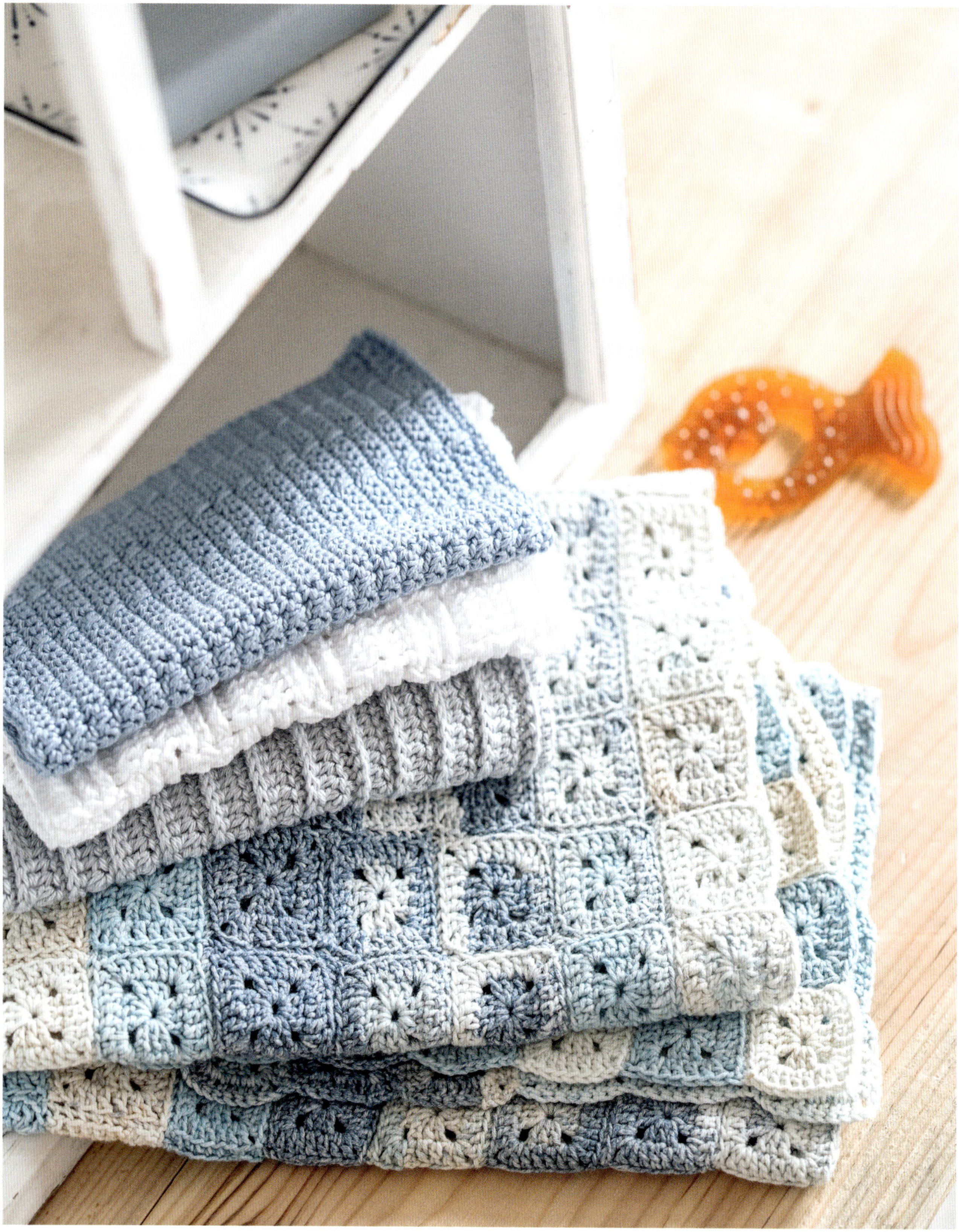

ANLEITUNG

4 Lm anschlagen und mit 1 Km zum Ring schließen.
1. Rd.: in den Ring 3 Lm als Ersatz fürs 1. Stb häkeln, 2 Stb, 2 Lm, *3 Stb, 2 Lm*, von *–* 2 x wdh. und Runde mit 1 Km in die 3. Lm des 1. (Ersatz)Stb schließen.
2. Rd.: *3 Stb auf die Stb der Vorreihe häkeln. In den Lm-Bogen 2 Stb, 2 Lm, 2 Stb häkeln*, von *–* 3 x wdh. Mit 1 Km in 3. Lm des (Anfangs)Stb Runde schließen.
Faden 15 cm lang abschneiden, dieser wird fürs Zusammennähen der einzelnen Teile verwendet.
Pro Knäuel entstehen 102 Mini Granny Squares; insgesamt benötigt man für diese Decke 306 Teile, das sind 18 Reihen x 17 Granny Squares!
Zusammennähen: in der Ecke der 1. Lm beginnen, re. Seite an re. Seite legen und nur jeweils das hintere Maschenglied mit Überwendlingsstich zusammennähen.

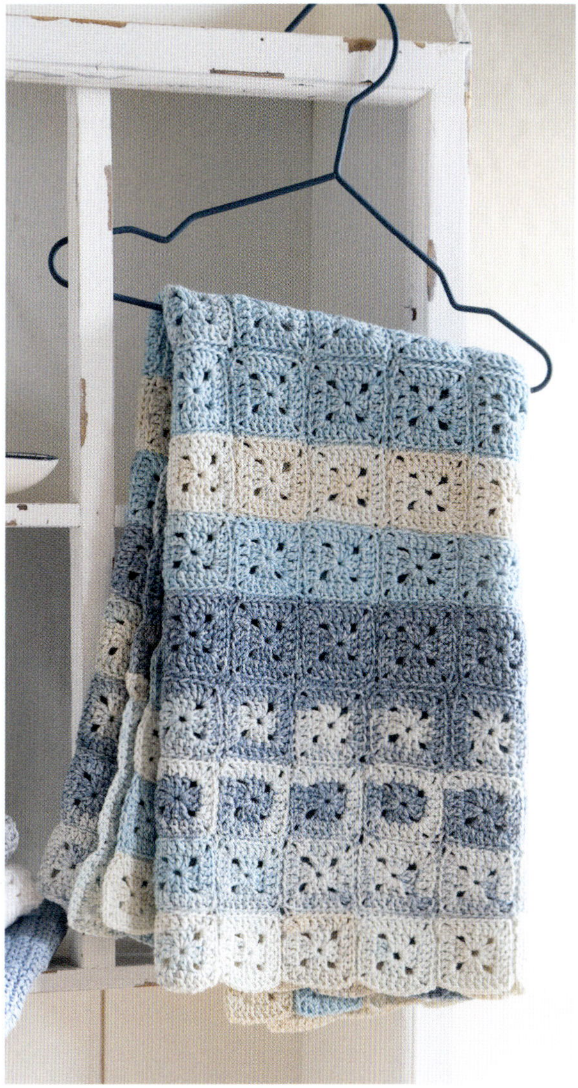

Waschlappen »Wasserspiel«

MATERIAL

Basic Cotton von Pro Lana, je 50 g in Weiß (01), Hellgrau (91), Hellblau (56)
Häkelnadel Nr. 3

Grundmuster:
Reliefstäbchen, Stäbchen, feste Maschen

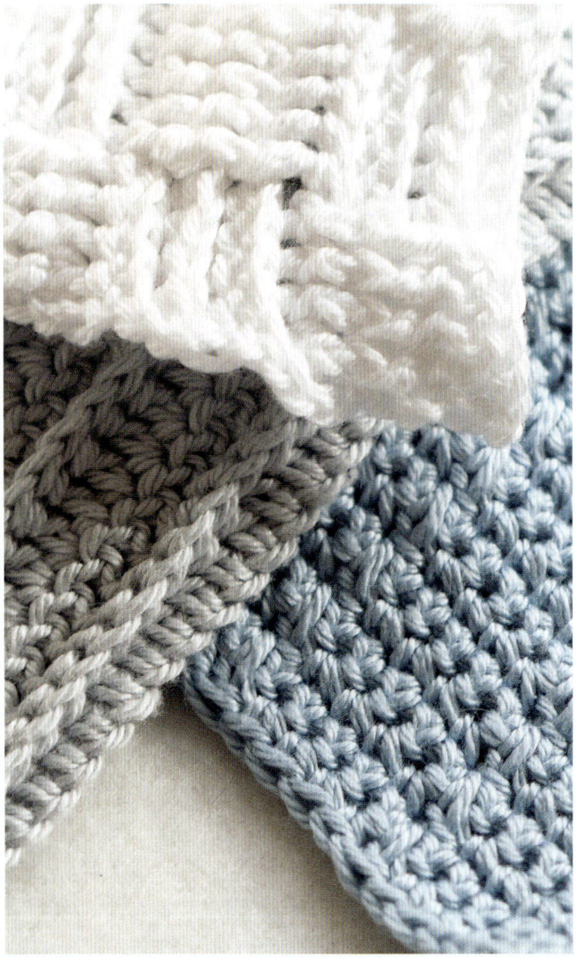

ANLEITUNG

In Weiß 50 + 2 WendeLm anschlagen.
1. R.: 50 Stb. (1. Stb mit 2 Lm ersetzen).
2. R.: 2 Lm, 4 vordere RStb, *5 hintere RStb, 5 vordere RStb*, von *–* wdh. Mit 4 hinteren RStb und 1 Stb in der 2. Lm der Vorreihe enden.
3. R.: 2 Lm, 4 vordere RStb, *5 hintere Rstb, 5 vordere RStb*, von *–* wdh.
4. R.: 2 Lm, 4 vordere RStb, *5 hintere RStb, 5 vordere RStb*, von *–* wdh.
5. R.: nun den Mustersatz ändern, indem auf die vorderen RStb hintere RStb gehäkelt werden und auf hintere RStb vordere RStb.
Den Mustersatz stets über 4 Reihen häkeln! Es entsteht ein luftiges Wabenmuster.
In der Höhe von ca. 19 cm und nach vollendetem Mustersatz Faden abschneiden und vernähen.
In Hellgrau 49 + 2 Lm anschlagen.
1. R.: 50 Stb (1. Stb mit 2 WendeLm ersetzen).
2. R.: 50 vordere RStb (1. RStb mit 2 lockeren WendeLm ersetzen).
3. R.: 50 Stb
Die 1. und 2. R. wdh., bis eine Höhe von ca. 19 cm erreicht ist. Faden abschneiden und vernähen.
In Hellblau 50 anschlagen.
1. R.: 1 WendeLm, 50 fM
2. R.: 1 WendeLm, 50 fM
3. R.: 1 WendeLm, 4 fM, 1 Stb um 1 Reihe tiefer einstechen. *4 fM, 1 Stb um 1 Reihe tiefer einstechen*, von *–* wdh. und mit 5 fM enden.
Die 2. und 3. R. wdh., bis eine Höhe von 19 cm erreicht ist. Faden abschneiden und vernähen.

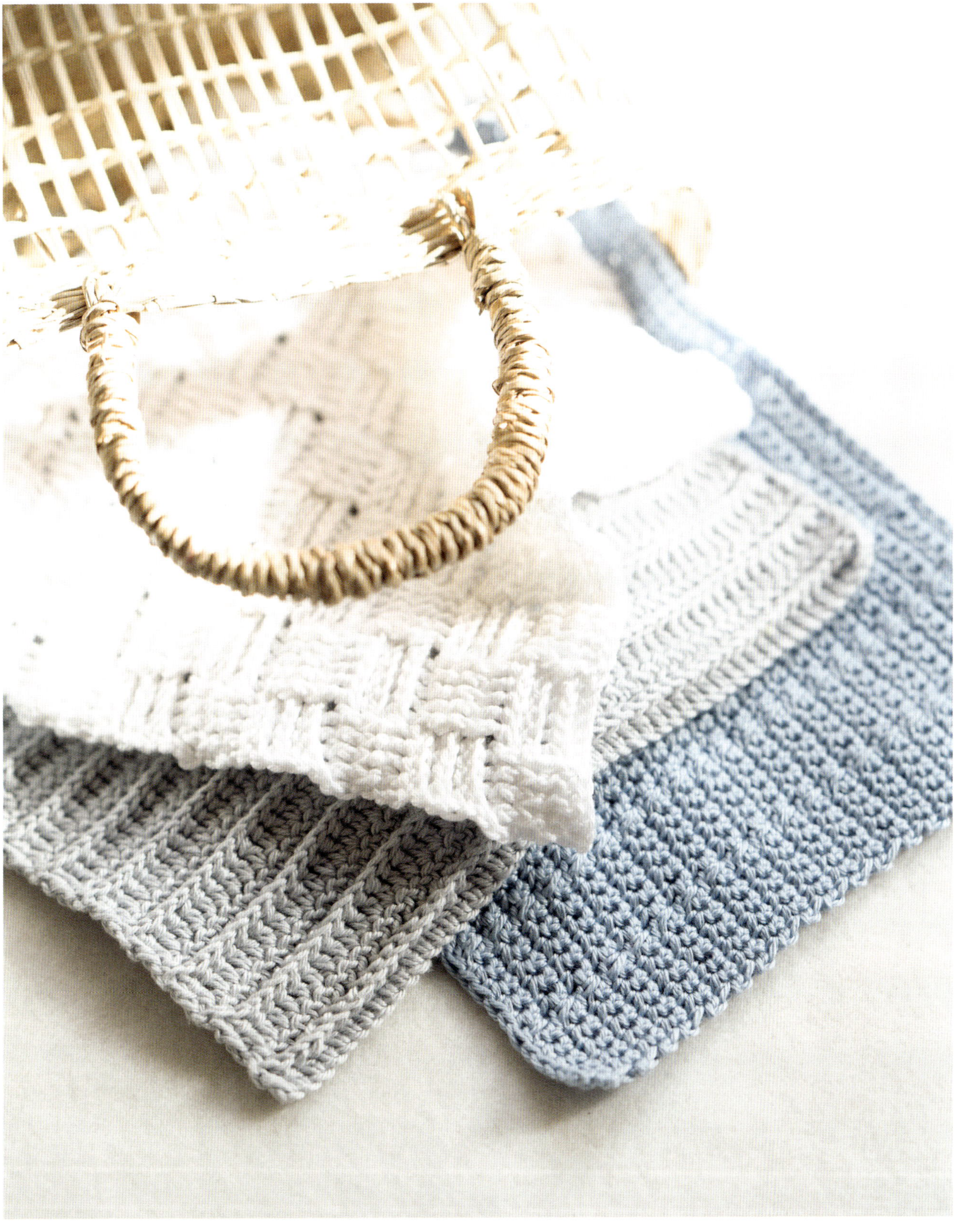

Häkelband

MATERIAL

Häkelstar 100 von Pro Lana, 100 g in Weiß (01), oder ein anderes Häkelgarn der Stärke 10
Häkelnadel Nr. 1,5

Grundmuster:

Lm, fM, Stb

Häkelschrift

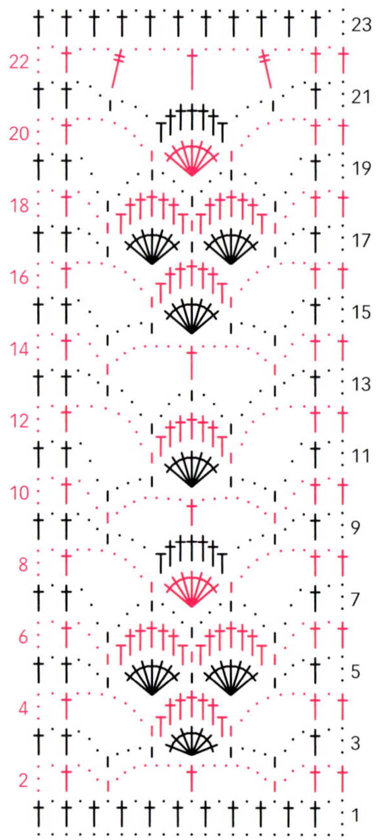

ANLEITUNG

24 Lm anschlagen. Laut Häkelschrift gewünschte Länge arbeiten, dabei das 1. Stb in jeder Reihe mit 3 Lm ersetzen. Das Band laut Häkelschrift abschließen. Fäden abschneiden und vernähen.
Band spannen, mit Sprühstärke benetzen und trocknen lassen. Seidenband einziehen und als Geschenkband verwenden. Macht sich auch gut als Zierband auf einem Taufkissen oder als Geschenkband um ein Handtuch gewickelt.

Legende

· = Luftmasche (Lm)

ı = Feste Masche (fM)

T = Halbes Stäbchen (HStb)

† = Stäbchen (Stb)

ǂ = Doppelstäbchen (DStb)

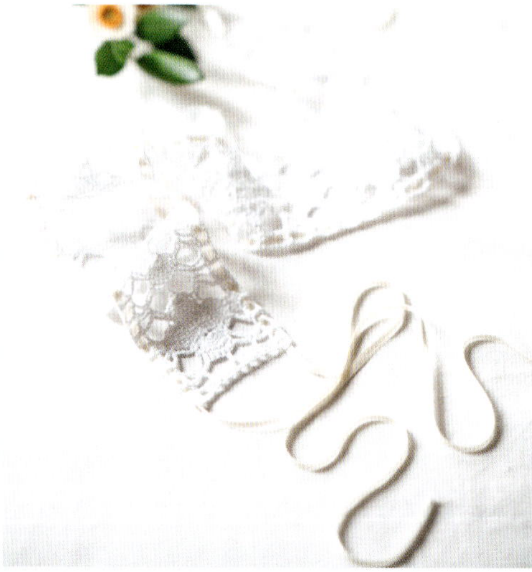

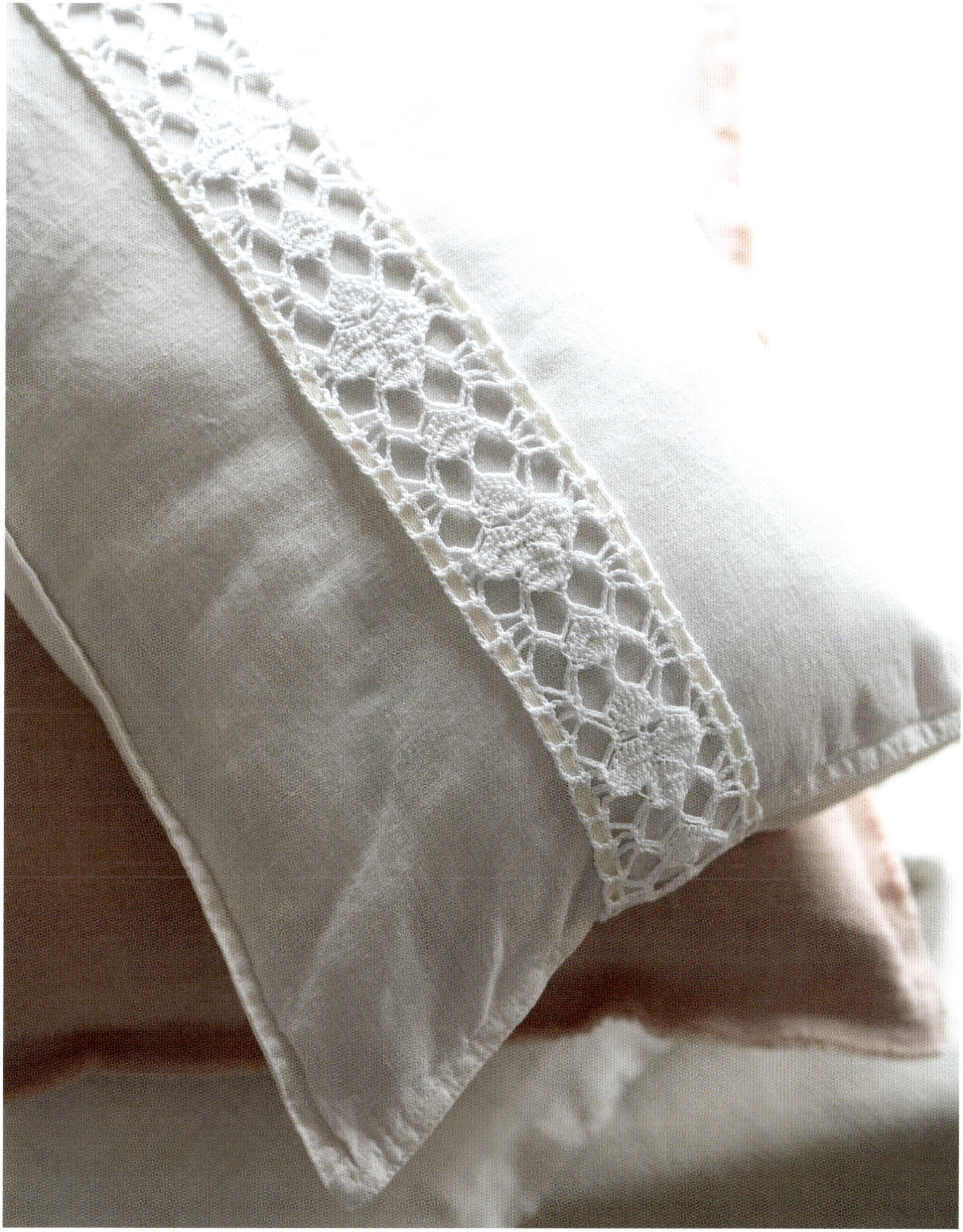

Babydecke »Patchwork«

MASSE: 70 x 80 cm

MATERIAL

Cool Wool Baby von Lana Grossa, je 50 g in Rohweiß (213), Vanille (218), Zartrosa (267), Flieder (268), Hellblau (208), Lichtgrün (265) sowie 100 g in Hellgrau (241)

Tunesische Häkelnadel Nr. 3 von Prym 22 cm lang

Grundmuster:

einfacher tunesischer Stich

ANLEITUNG

Häkeln der Rechtecke:

28 Lm häkeln.

1. Hinr.: aus jeder M der Lm-Kette, bei der vorletzten beginnend, eine Schlaufe auf die Nadel ziehen. Alle Schlaufen auf der Nadel lassen.

1. Rückr.: den Faden nach einem Umschlag durch die erste auf der Nadel befindliche M ziehen und anziehen. Dann den Faden locker durch jeweils zwei M ziehen (abmaschen), bis nur noch eine M auf der Nadel liegt. Bei allen nun folgenden Hinr. von re. nach li. durch die gut sichtbaren, senkrecht liegenden Schlaufen jeweils eine M auf die Nadel ziehen und in den Rückr. abmaschen.

Gesamtfarbschema

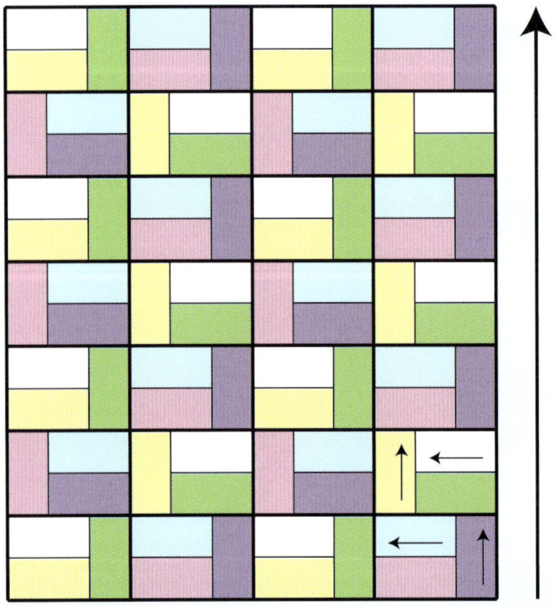

Farbschema 1

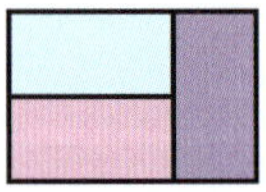

= 8 x häkeln

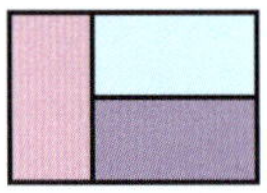

= 6 x häkeln

Farbschema 2

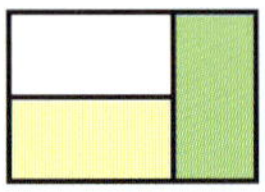

= 8 x häkeln

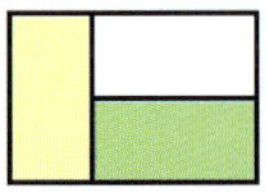

= 6 x häkeln

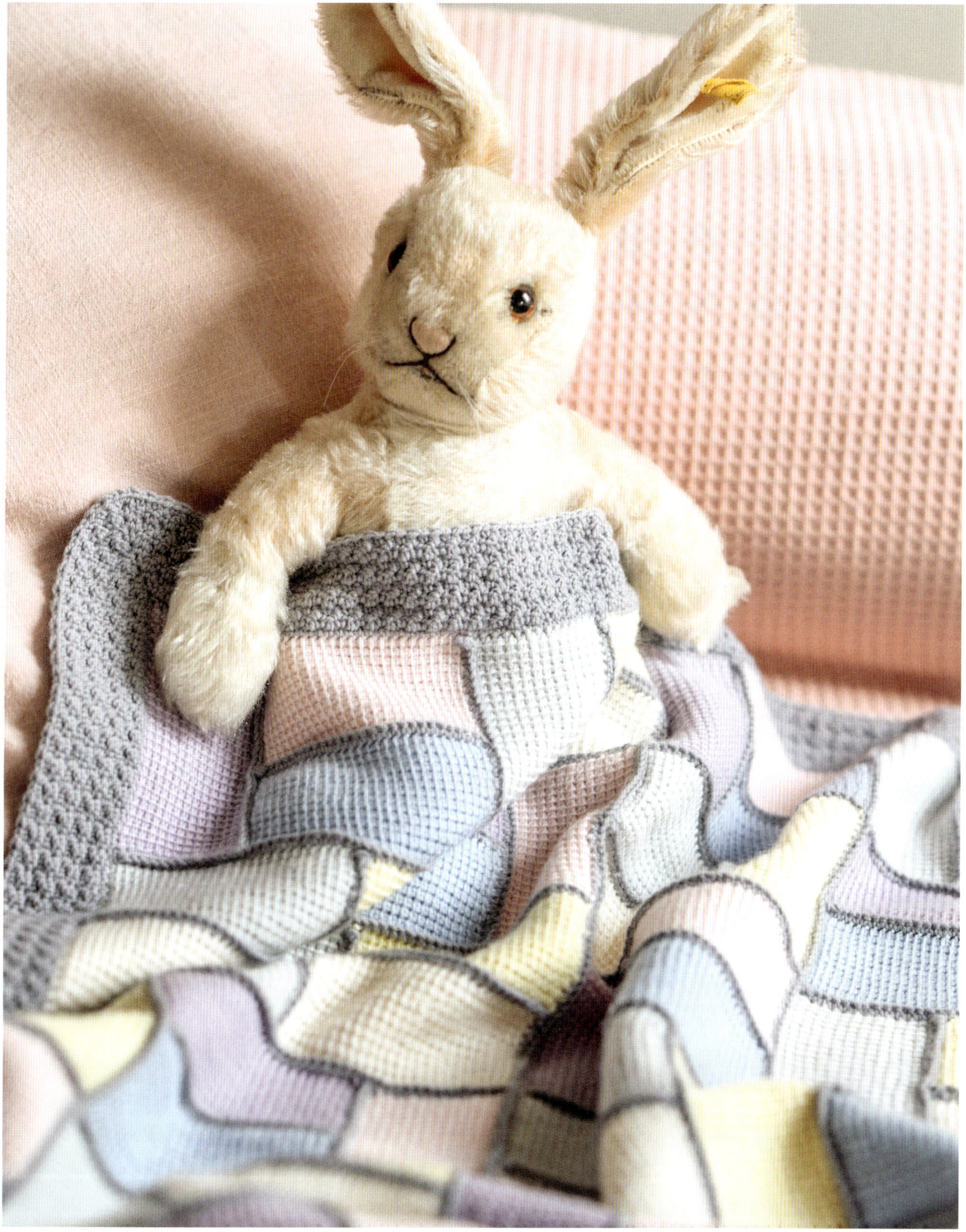

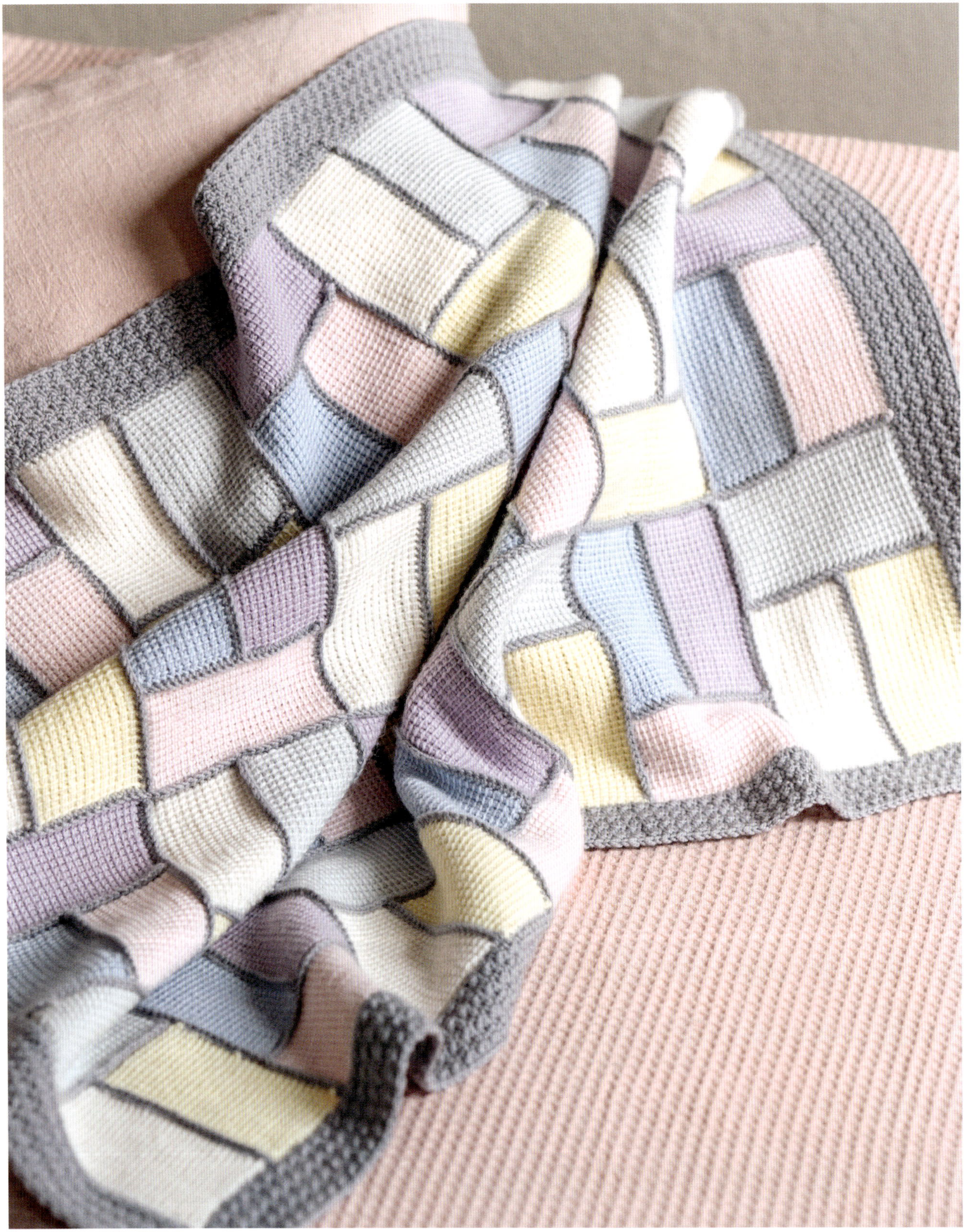

1. Reihe in zwei Arbeitsschritten

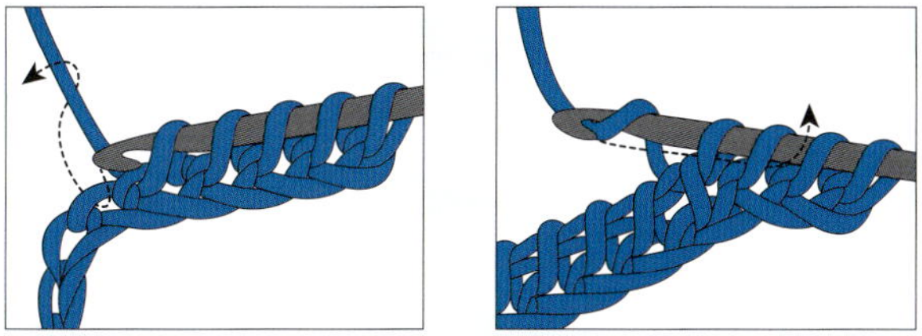

2. Reihe und Abketten

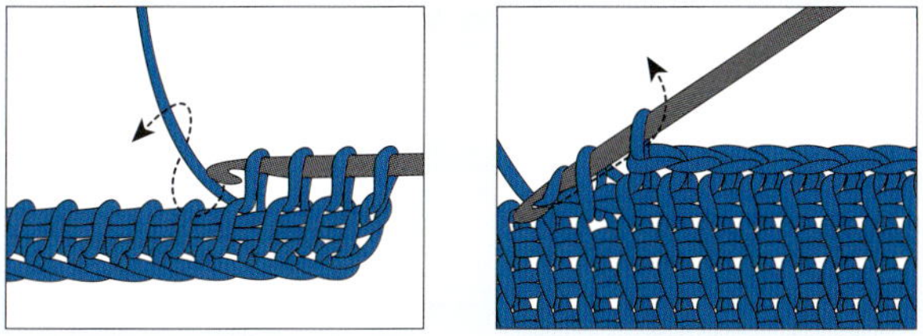

TIPP: Beim Häkeln darauf achten, mit der Häkelnadel nicht in den Faden zu stechen.

Zusammenfügen der Rechtecke:

Von jeder Farbe 14 Rechtecke in der Größe von 10 x 5 cm häkeln, d.h. 28 Anschlagmaschen über 13 Reihen häkeln, dann mit fM abketten.
Jeweils 3 Rechtecke in Pfeilrichtung, wie in der Abbildung 1 gezeigt, mit fM zu Blöcken zusammenhäkeln. Hierbei die unterschiedliche Farbanordnung berücksichtigen.
Insgesamt 28 Blöcke = 4 Blöcke x 7 Reihen herstellen.
Dann die Blöcke in Pfeilrichtung mit fM, wie in Abbildung 2 gezeigt, zusammenhäkeln, und zwar zuerst jeweils 3 Rechtecke zu einem Block zusammenhäkeln, dann die Blöcke zu Reihen zusammenhäkeln.
Umhäkeln der Decke: mit Farbe Hellgrau (241)
1. R.: fM häkeln. Decke wenden.
2. R.: Hundszahnmuster häkeln: 1 Lm, 1 fM, 1 Stb, 1 fM, 1 Stb usw., bis der Anfang der 2. R. erreicht ist. Zu beachten: in den Ecken in eine M 3 fM häkeln, dann mit dem Hundszahnmuster weiterhäkeln. Decke wenden.
3. R.: in jede fM der 2. R. ein Stb, in jedes Stb der 2. R. eine fM häkeln.
Zu beachten: Reihen, nicht Runden häkeln, d.h. Decke nach jeder Reihe wenden. Ca. 5 cm im Muster der Umrandung häkeln, dann Faden abschneiden und vernähen.

Schmusetuch mit Herz

MATERIAL

Basic Cotton von Pro Lana, je 50 g in Weiß (01) und Hellgrau (91)
Häkelnadel Nr. 3
Grundmuster für das Tuch: einfacher tunesischer Füllstich
Grundmuster für das Herz: einfacher tunesischer Stich

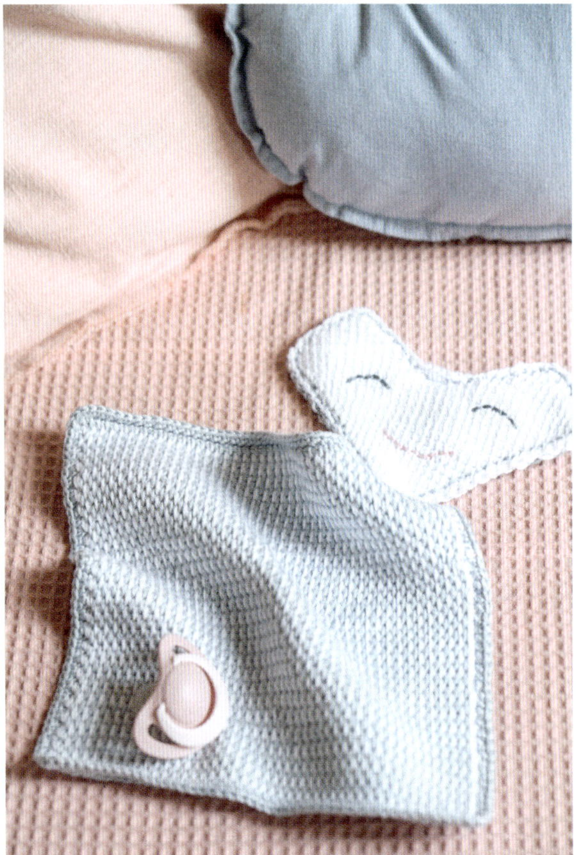

ANLEITUNG

Tuch:

In Weiß 45 Lm anschlagen.
1. Hinr.: aus jeder M der Kette, bei der vorletzten beginnend, eine Schlaufe auf die Nadel ziehen. Alle Schlaufen auf der Nadel lassen. Jetzt die Farbe zu Hellgrau wechseln.
1. Rückr.: den Faden nach einem Umschlag durch die erste auf der Nadel befindliche M ziehen und anziehen. Einen Umschlag locker durch jeweils zwei M ziehen (abmaschen), bis nur noch eine M auf der Nadel liegt. Bei allen nun folgenden Hinr. von vorne nach hinten durch die gut sichtbaren, senkrecht liegenden Schlaufen jeweils eine M auf die Nadel ziehen und in den Rückr. abmaschen.
Diese beiden Reihen stets wdh. Nach jeder Reihe Farbe wechseln.
18 cm hochhäkeln, dann den Faden abschneiden und vernähen.
Zu beachten: Besonders wichtig ist das erste Einstechen in den einzelnen Reihen: Man sticht in der Hinr. am Anfang der R. vor der ersten Schlinge der Vorr. ein, und entsprechend wird am Ende der R. die letzte Schlinge vor der letzten Schlinge geholt; in der Rückr. sticht man am Anfang der R. nach der ersten Schlinge der Vorr. ein, und entsprechend wird am Ende der R. die letzte Schlinge nach der letzten Schlinge geholt. Es sind immer 45 M zu häkeln.
Das Abwechseln der Einstechstelle ist wichtig, damit ein gerades Häkelstück entsteht.

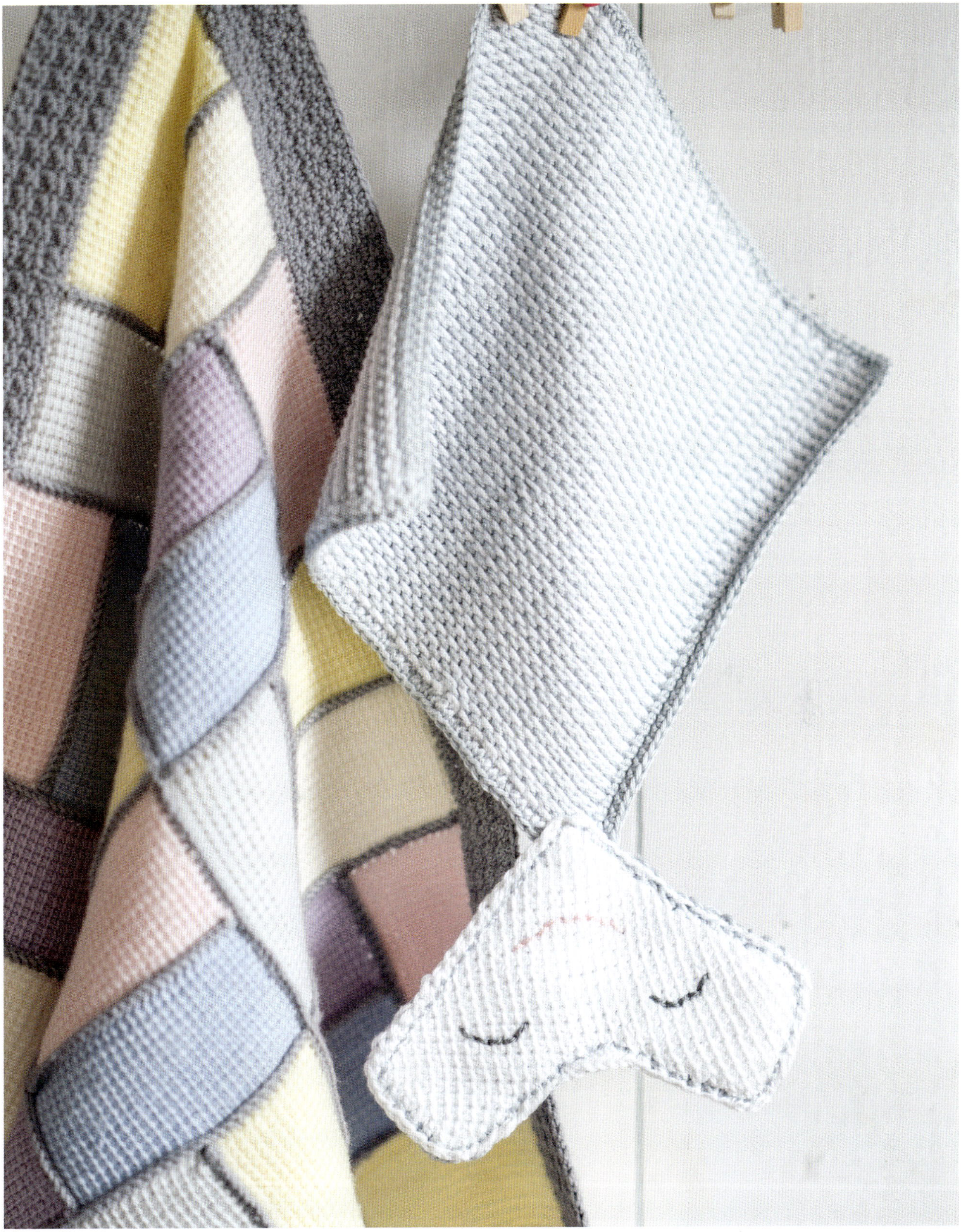

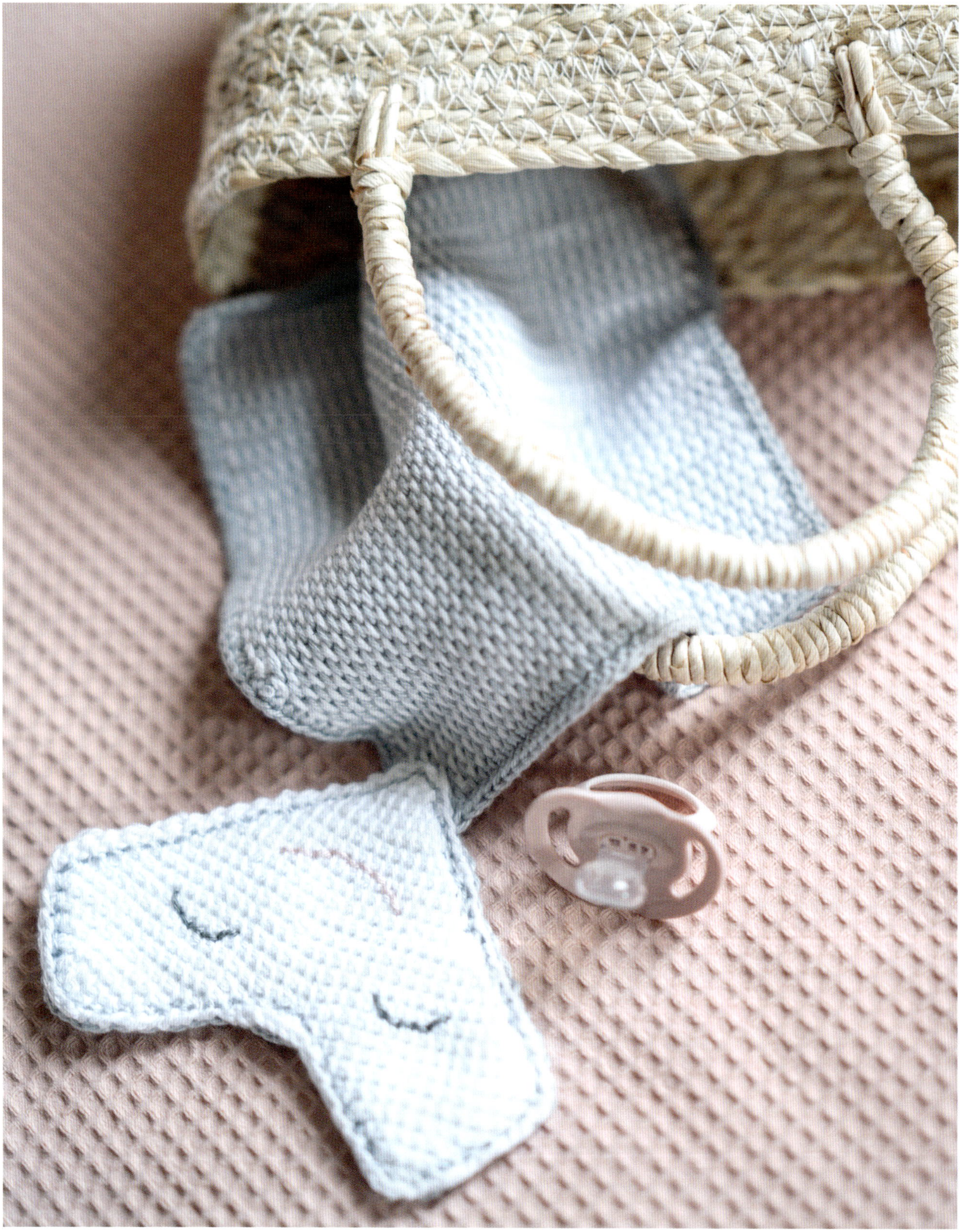

Umhäkeln des Schmusetuchs:

Mit Hellgrau in fM 1 x umhäkeln. In den Ecken in eine M 3 fM häkeln.

Herz:

Das Herz einmal in Weiß und einmal in Hellgrau arbeiten. 4 Lm anschlagen und mit dem einfachen Stich der tunesischen Häkelei hocharbeiten, dabei in jeder R. li. und re. jeweils 1 M zunehmen, bis 36 M erreicht sind.
Dann über 16 Schlaufen die 1. Herzhälfte häkeln. Dann in jeder Reihe li. und re. jeweils 1 M abnehmen wie folgt: bei der Hinr. am Anfang 1 Schlinge überspringen, am Anfang der Rückr. (beim 1. Abhäkeln) den Faden durch 3 Schlaufen ziehen. So verfahren, bis nur noch 4 M auf der Nadel verbleiben, dann abketten.
Um die 2. Herzhälfte zu häkeln, in der Herzmitte den Faden aufnehmen und 4 M abketten. Dann über 16 Schlaufen die 2. Herzhälfte häkeln. Gleiche Abnahme wie bei der 1. Herzhälfte durchführen.
Fäden abschneiden und vernähen.

Fertigstellung:

Weißes und hellgraues Herz mit der Rückseite zusammenlegen, mit Vorstichen zusammennähen und an der Herzspitze am Tuch befestigen. Augen und Mund mit passendem Baumwollgarn aufsticken.
Vorstich: einfacher Stickstich, ähnlich wie ein Heftstich, aber die entstandenen Zwischenräume werden durch weitere Vorstiche geschlossen.

Babydecke »Pastellzauber«

MASSE: 65 x 70 cm

MATERIAL

Cool Wool Baby Print Punto von Lana Grossa, 300 g in Rohweiß/Graublau/Pink/Rosa/Gelb/Khaki (311)
Häkelnadel Nr. 2,5

Grundmuster:
RStb und Stb

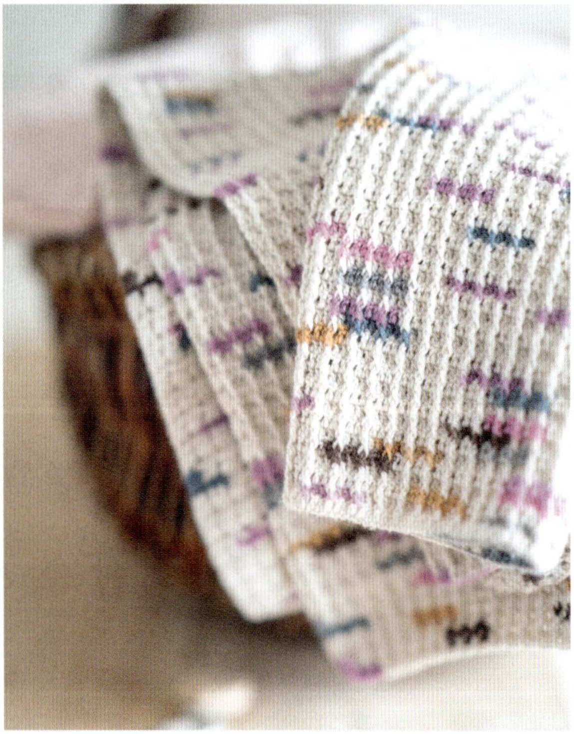

ANLEITUNG

199 Lm (teilbar durch 3 + 1 Lm) anschlagen.
1. R.: einfache Stb häkeln.
2. R.: 2 WendeLm (Ersatz für das 1. Stb), 1 Stb in die 2. M der 1. R., 1 vorderes RStb, *2 Stb, 1 vorderes RStb*, von *–* wdh, mit 2 Stb enden.
3. R.: 2 WendeLm, 1 Stb, ein hinteres RStb, dabei das RStb der Vorr. zum Fadenholen umfassen und wie ein Stb abhäkeln. *2 Stb, 1 hinteres RStb, von *–* wdh., mit 2 Stb enden.

TIPP: Beim Umfassen sticht man von rechts ein, umfasst das Stäbchen der Vorreihe und sticht links durch, holt den Faden und häkelt das Stäbchen.

2. und 3. R. bis zur gewünschten Höhe wdh.
Die Vorderseite bekommt so ein Strukturmuster und auf der Rückseite entsteht ein kleines Wabenmuster.
Mit einer Reihe vorderer RStb enden.
Faden abschneiden und vernähen.
Bei 300 g Wolle ergibt das eine Höhe von ca. 70 cm.
Natürlich kann die Höhe der Decke durch ein zusätzliches Knäuel Wolle verlängert werden.
Diese Decke kommt ganz ohne Randgestaltung aus!

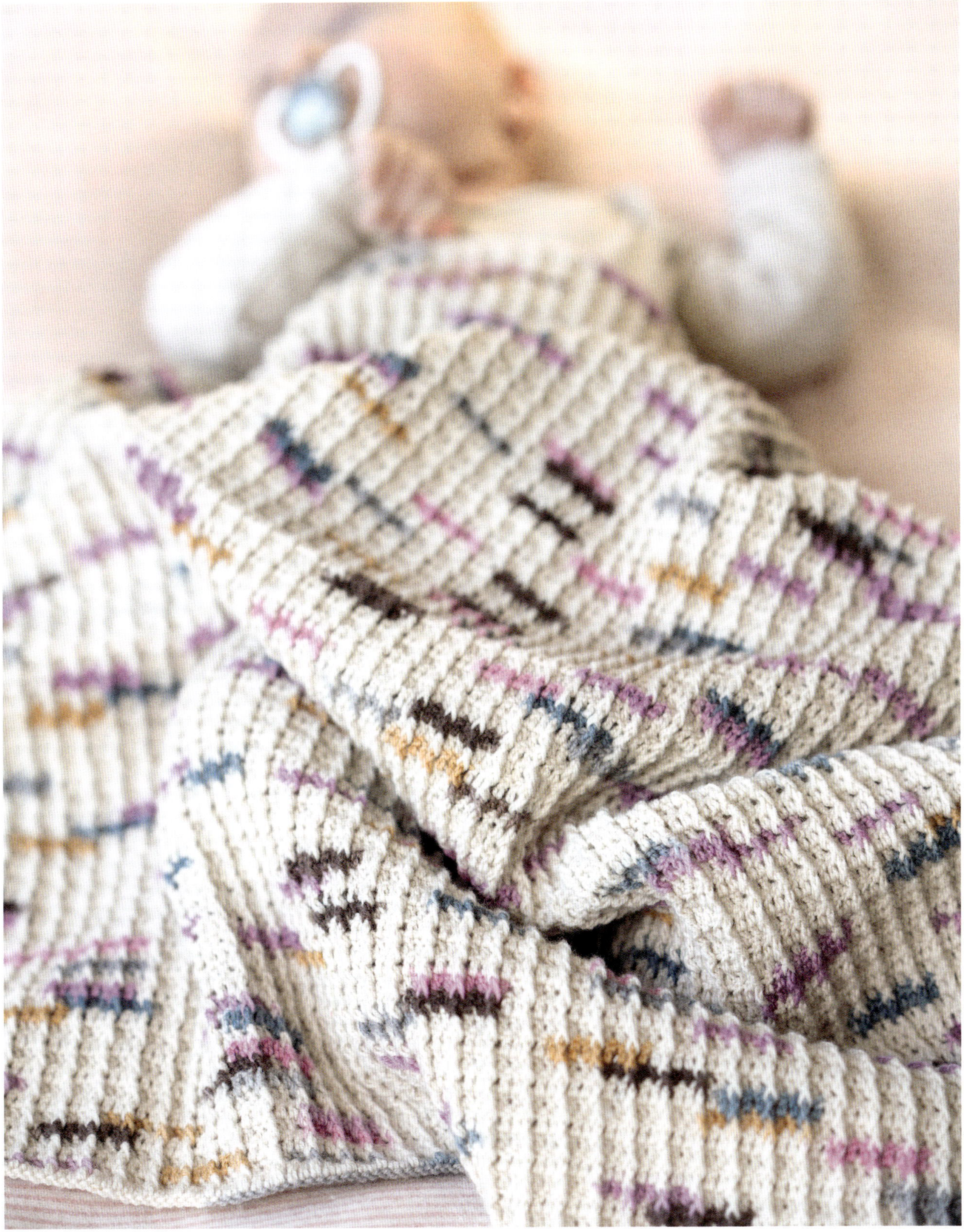

Lätzchen »Das schmeckt mir«

MATERIAL

Basic Cotton von Pro Lana, 50 g in Rosa (23) oder in einer beliebigen Farbe

Häkelnadel Nr. 3

Grundmuster:

Stb und RStb

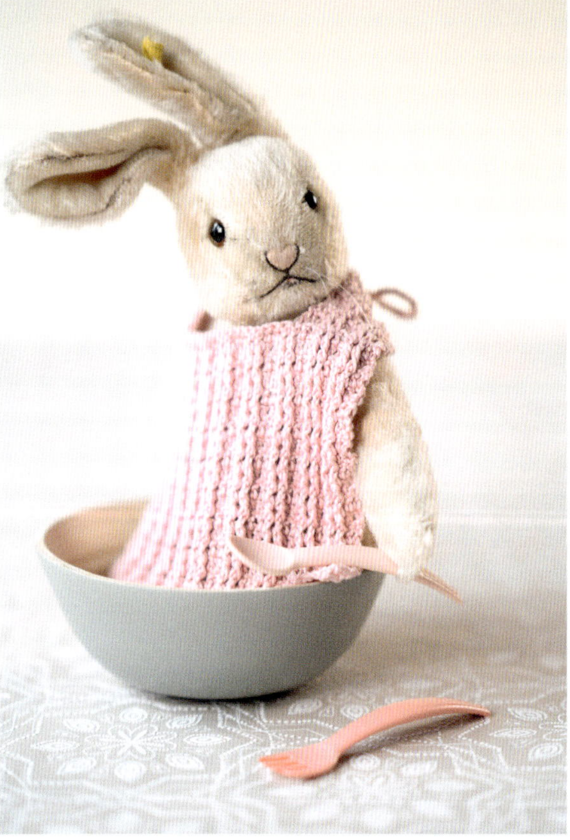

ANLEITUNG

44 Lm anschlagen.

1. R.: 41 Stb häkeln (3 Lm, Ersatz für das 1. Stb)

2. R.: *2 Stb, 2 hintere RStb*, von *–* wdh. Mit 2 Stb Reihe beenden.

3. R.: *2 Stb, 2 vordere RStb*, von *–* stets wdh. 2 Stb, 2 vordere Rstb.

2. und 3. R. wdh., bis 13 cm Höhe erreicht sind. Dann die mittleren 20 M nicht weiterhäkeln. Re. Steg über 11 M häkeln und li. Steg über die 11 letzten M häkeln. Fäden abschneiden und vernähen. Mit doppeltem Faden 2 x ein Band aus 50 Lm häkeln und links und rechts am Seitensteg annähen. Gesamthöhe 20 cm.

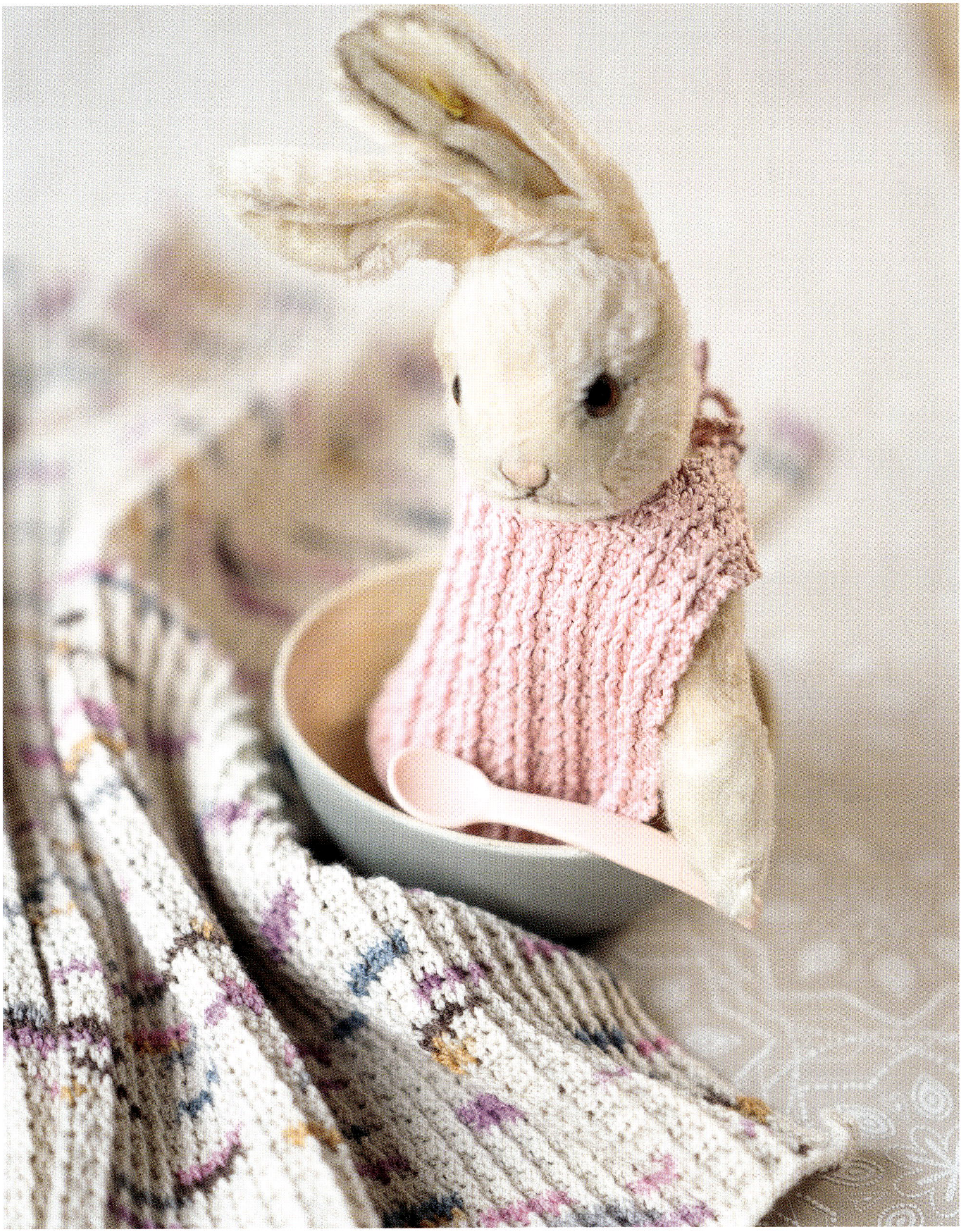

Babydecke »Sterntaler«

MASSE: 60 x 70 cm

MATERIAL

100 % Baby von DMC, 300 g in Blassgelb (091)
Häkelnadel Nr. 3,5 und 3
Stärke der Häkelnadel lieber etwas größer wählen, da das Maschenbild eher fest wird.

Grundmuster:
Sternstich

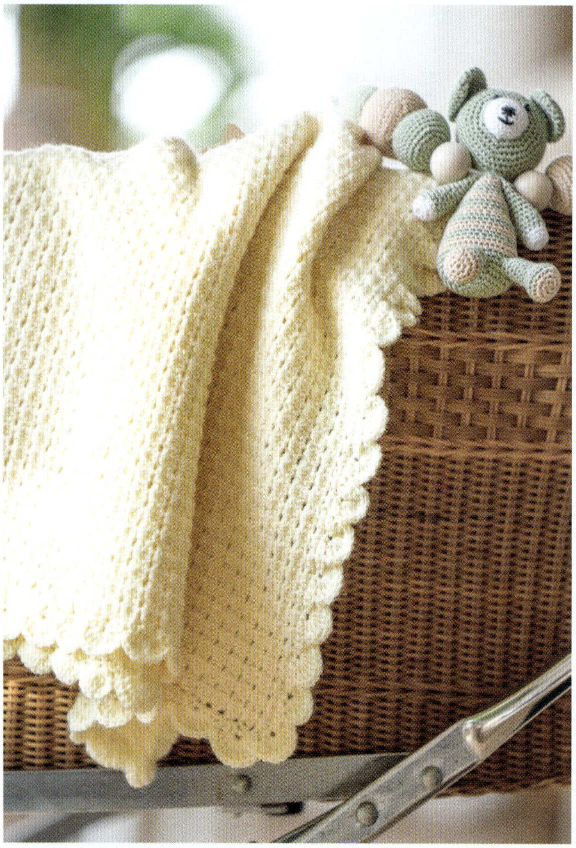

ANLEITUNG

Mit Häkelnadel 3,5 177 Lm anschlagen.
1. R.: Aus der 2. bis 6. Lm des Anschlags jeweils den Faden durch die Maschen ziehen und die Schlaufen jeweils auf der Nadel liegen lassen, bis 6 Schlaufen vorhanden sind. Dann den Faden umschlagen und durch alle 6 Schlaufen ziehen (abmaschen), 1 Lm häkeln. Damit ist der erste Stern gehäkelt.
Für den 2. und jeden weiteren Stern wieder 5 weitere Schlaufen auf die Nadel sammeln. 1. Schlaufe befindet sich auf der Häkelnadel. 2. Schlaufe aus der kleinen Lücke des abgehäkelten, vorigen Sterns ziehen, 3. Schlaufe aus dem vorigen Stern, d.h. aus dem hinteren Glied der 6. Schlinge ziehen, 4. Schlaufe aus der letzten Einstichstelle des vorigen Sterns ziehen und 2 weitere Schlaufen aus den nächsten zwei folgenden M ziehen. Am Reihende mit 1 fM schließen und diese in die letzte Lm arbeiten.
2. R.: 1 WendeLm *auf die M der Vorr. jeweils 1 fM häkeln, 2 fM in jede Sternchenmitte arbeiten*, von *–* wdh. Mit 2 Lm wenden.
1. und 2. R. stets wdh.
Nach 68 cm mit einer R. fM die Arbeit beenden.
Umhäkeln der Decke:
Halbmondbögen mit Häkelnadel Nr. 3:
die letzte R. des Sternstichs mit fM rundum häkeln. Decke mit 1 fM wenden, wenn an der Ecke (Endpunkt) angekommen, *2 M überspringen und in die 3. M 8 DStb häkeln. 2 M überspringen, in die nächste M 1 fM* häkeln, von *–* wdh.
Darauf achten, dass in die Ecke nur 1 fM gehäkelt wird. Reihe mit 1 Km abschließen, Faden abschneiden und vernähen.

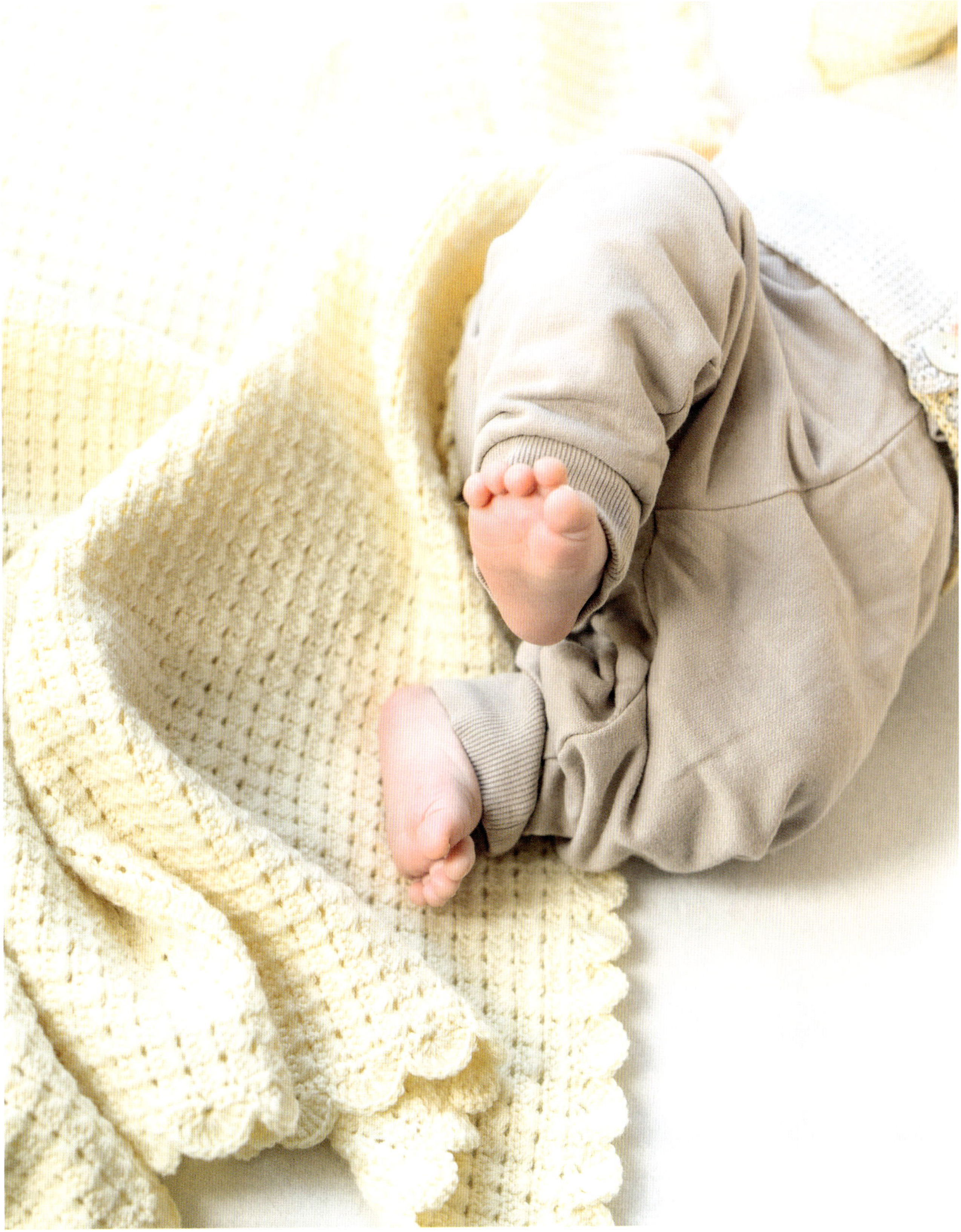

Babyjäckchen »Bobbelina«

GRÖSSE: 56/62

MATERIAL

Aruba Linea Pura von Lana Grossa, 100 g in Hellgrau/Apricot/Gelb (2)
Baby Cotton von Lang Yarns, 50 g in Citron (13)
5 Knöpfe
1 tunesische Häkelnadel Nr. 3 (Addi), 30 cm lang

Grundmuster:

einfacher tunesischer Stich
Die Teile in der angegebenen Reihenfolge häkeln.

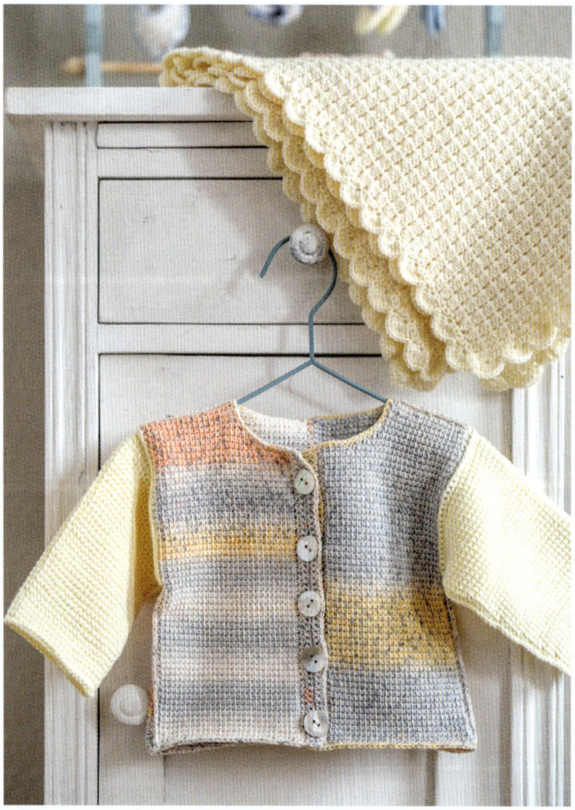

ANLEITUNG

Re. Vorderteil:

30 Lm in Hellgrau/Apricot/Gelb anschlagen.
Im einfachen tunesischen Stich hochhäkeln, bis 48 R. erreicht sind.
Abnahme für den Halsausschnitt:
49. R.: 1 x 5 M abketten
50. R.: 1 x 2 M abketten,
51.–54. R.: jeweils 4 x 1 M abketten
Nach insgesamt 55 R. abketten.

Re. Rückenteil:

34 Lm anschlagen. Über diese Maschenanzahl 55 Reihen im Grundmuster häkeln. Abketten.

Li. Vorderteil:

seitenverkehrt zum re. Vorderteil häkeln. Abnahme für den Halsausschnitt:
49. R.: 1 x 5 M abketten (das bedeutet: in der 50. Hinr. keine Schlaufen aufnehmen!).
50. R.: Faden durch 4 Schlaufen ziehen.
51.–54. R.: Faden durch 3 Schlaufen ziehen.
Nun gelb-weiße Wolle vom Knäuel wickeln, diese wird für die vordere Blende benötigt!

Li. Rückenteil:

wie re. Rückenteil

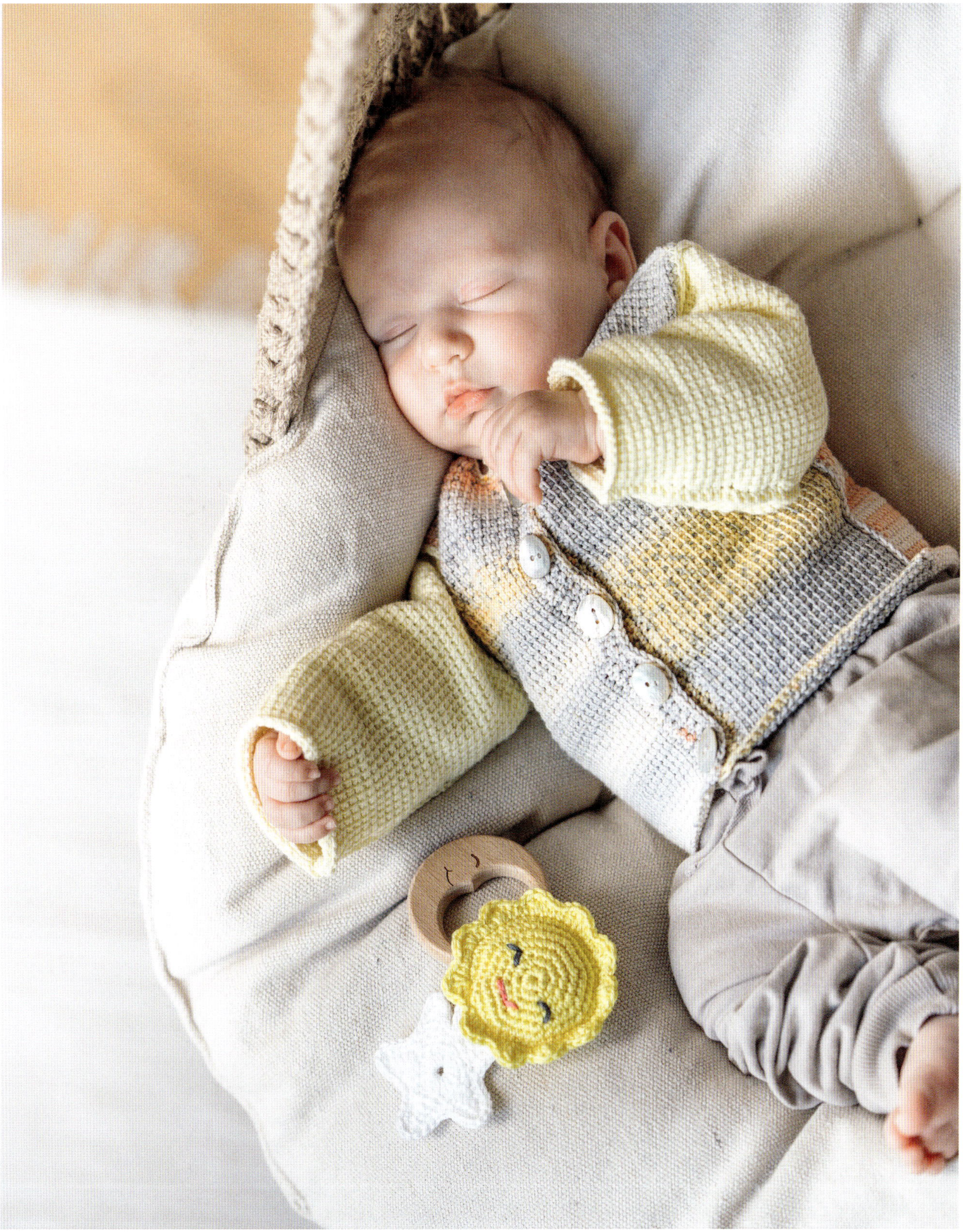

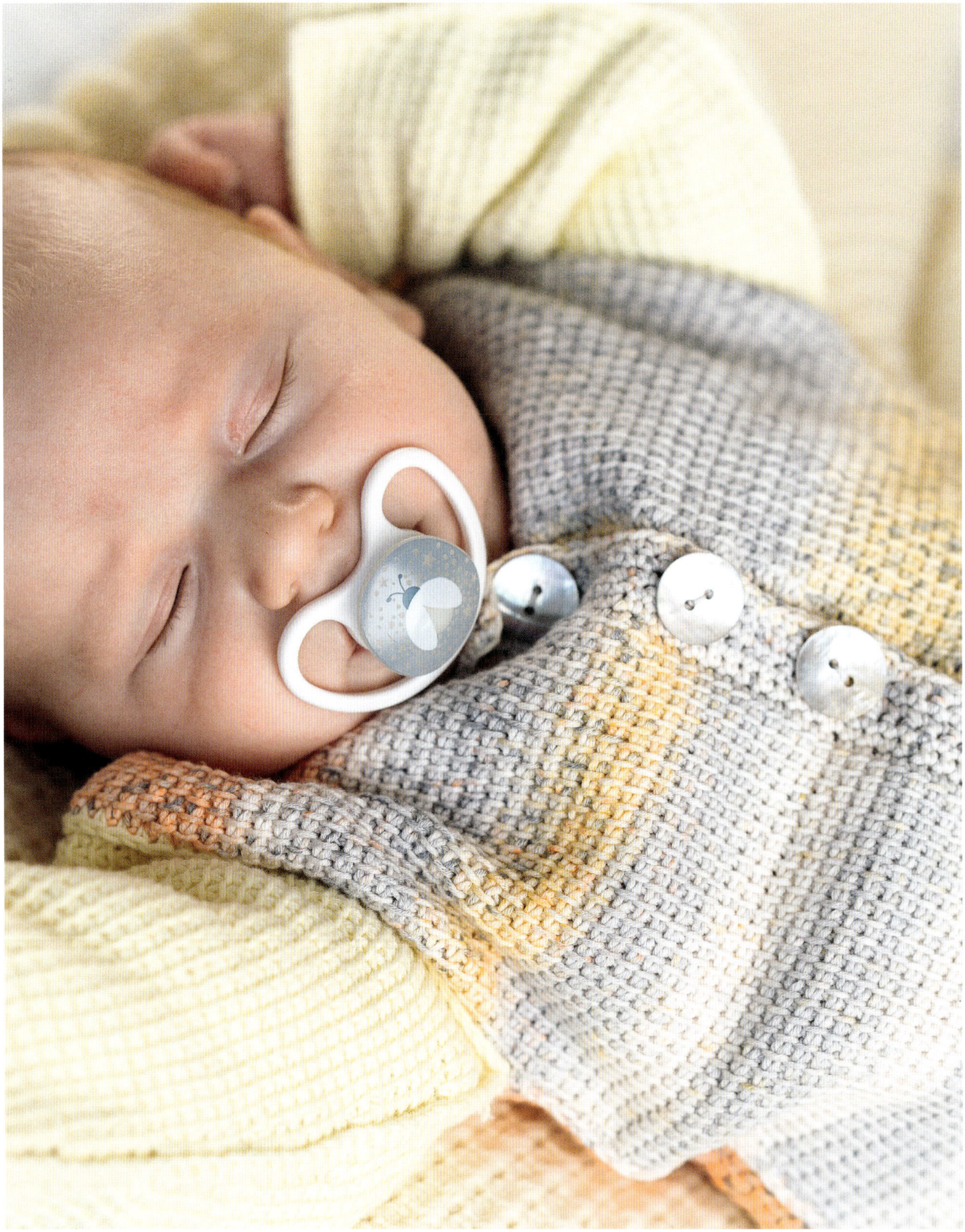

Ärmel: (2 x)

45 Lm in Citron anschlagen. Im einfachen tunesischen Stich hochhäkeln, bis 36 R. erreicht sind. Hierbei in der 5., 10., 15., 21., 27. und 33. R. jeweils 1 M li. und re. zunehmen, hierzu nach bzw. vor der Randmasche die Maschen verdoppeln. Nach 17 cm Höhe abketten.

Fertigstellung:

Das Jäckchen wird auf der Vorderseite zusammen gehäkelt. Zuerst die Schulternähte mit fM schließen. Dann die Ärmel links und rechts mittig anhäkeln (mit Wolle in Citron). Nun farblich passend die Ärmel- und Seitennähte schließen.

Vordere Blende: die abgewickelte Wolle verwenden! An der 1. Vorderseite 48 fM anhäkeln, wenden, mit fM weiterhäkeln, insgesamt 5 Reihen anhäkeln, dann mit fM die Halsrundung umhäkeln, bis durch zum 2. Vorderteil. Bei der 2. Vorderseite 48 fM anhäkeln, dabei in der 3. Reihe die Knopflöcher einarbeiten, dazu je nach Knopfgröße die fM durch Lm ersetzen.

Den unteren Rand des Jäckchens mit fM umhäkeln.

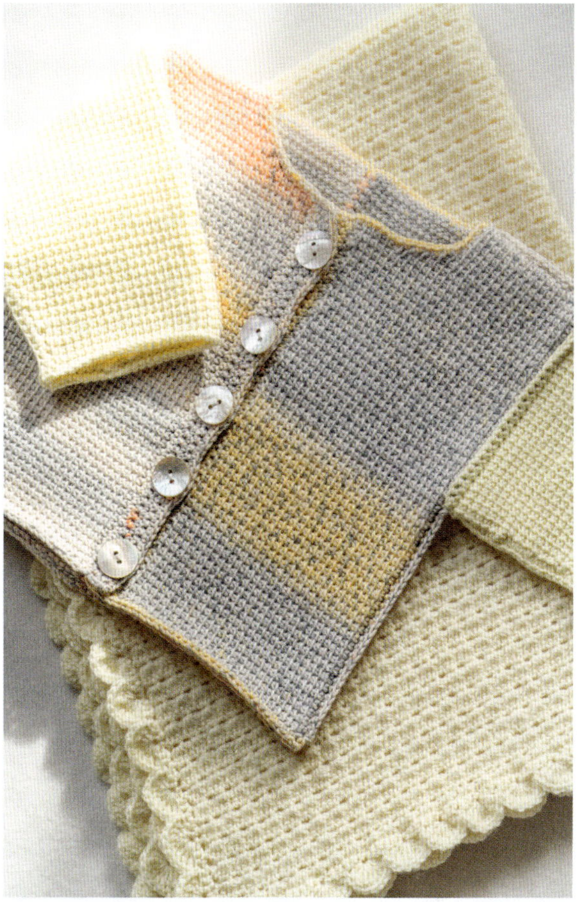

Jäckchen »Frechdachs«

GRÖSSE: 56/62

MATERIAL

Merino 200 Bebe Color von Lang Yarns, 150 g in Weiß Bedruckt (352)
Wollreste in ähnlicher Garnstärke in Pastellfarben
Häkelnadel Nr. 2,5
2 kleine blaue Knöpfe
1 großer Knopf
Stickgarn farblich passend (z.B. Rot)
Dieses Jäckchen wird in einem Stück von links nach rechts gearbeitet.

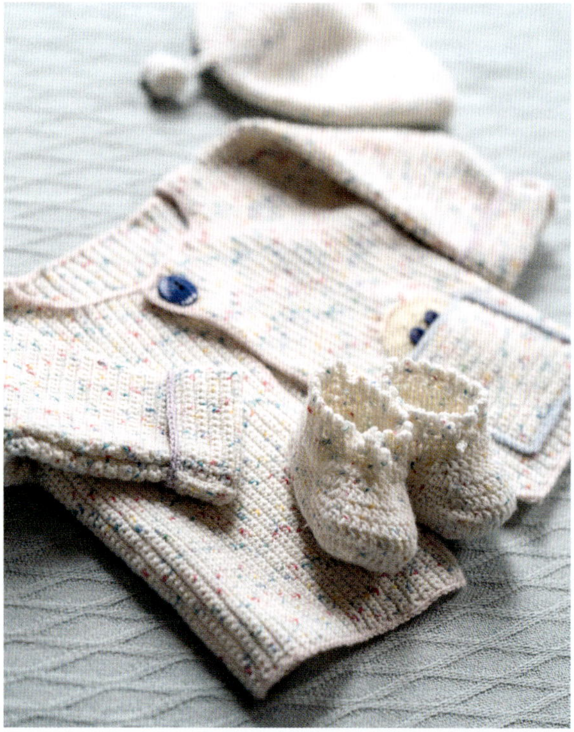

ANLEITUNG

Jäckchen:

41 Lm für den Ärmel anschlagen.
1. R.: 40 fM häkeln. Ärmel so bis 19 cm hocharbeiten. Hierbei in der 15., 20., 24., 28., 32., 38., 44. und 50. R. jeweils 1 M li. und re. zunehmen = 56 M
Nach 19 cm li. und re. 40 Lm anhäkeln = 136 M
Ärmel, Rücken und Vorderteil gemeinsam auf 26 cm Höhe häkeln.
Dann das Vorderteil über 65 M weiterhäkeln.
Beim Wenden für den Halsausschnitt 1 Km häkeln und 1 M überspringen. Mit fM die Reihe beenden.
In der nächsten Wendereihe ebenfalls 1 Km häkeln und 1 M überspringen, noch 1 x wdh. Es verbleiben noch 60 M für das Vorderteil.
Diese verbleibenden 60 M auf insgesamt 14,5 cm (ab Seitennaht) weiterarbeiten, dann Faden abschneiden.
Nun am Rückenteil weiterarbeiten.
Dabei in der Mitte 6 M liegen lassen. Für den Halsausschnitt mit 1 Km beginnen, 1 M überspringen und über die verbleibenden 64 M für den Rücken weiterhäkeln.
Die Rückenmitte nach insgesamt 42 R. markieren.
Das Rückenteil weiterhäkeln, nach 16 R. ab Rückenmitte den Halsausschnitt wie folgt häkeln: letzte fM verdoppeln, mit 2 Lm wenden, 1 fM in die 2. Lm, R. fertighäkeln.
In der nächsten R. am Halsausschnitt 6 Lm anhäkeln und mit dem 2. Vorderteil verbinden.
Nun wieder über die gesamte Jackenlänge von 136 M arbeiten!

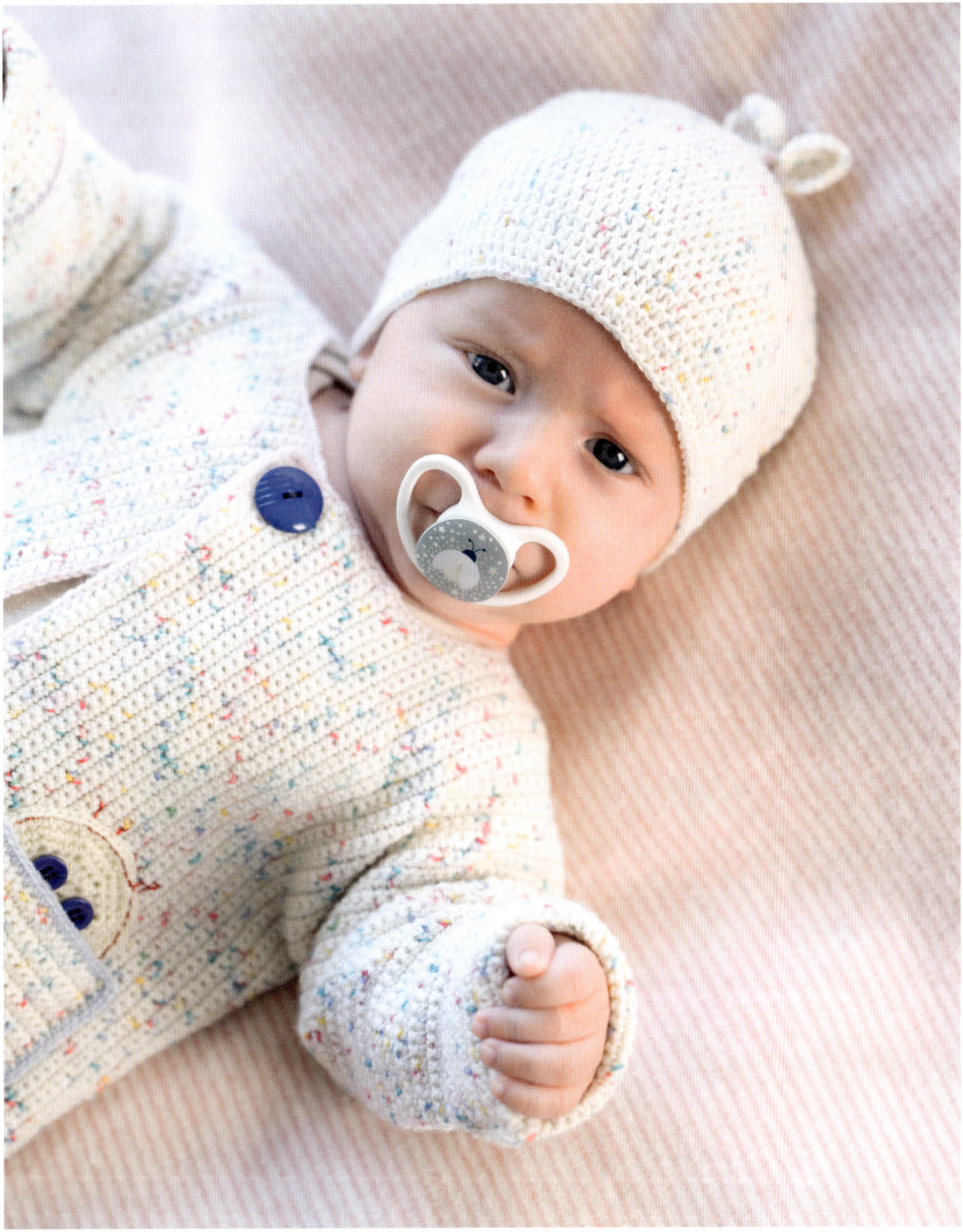

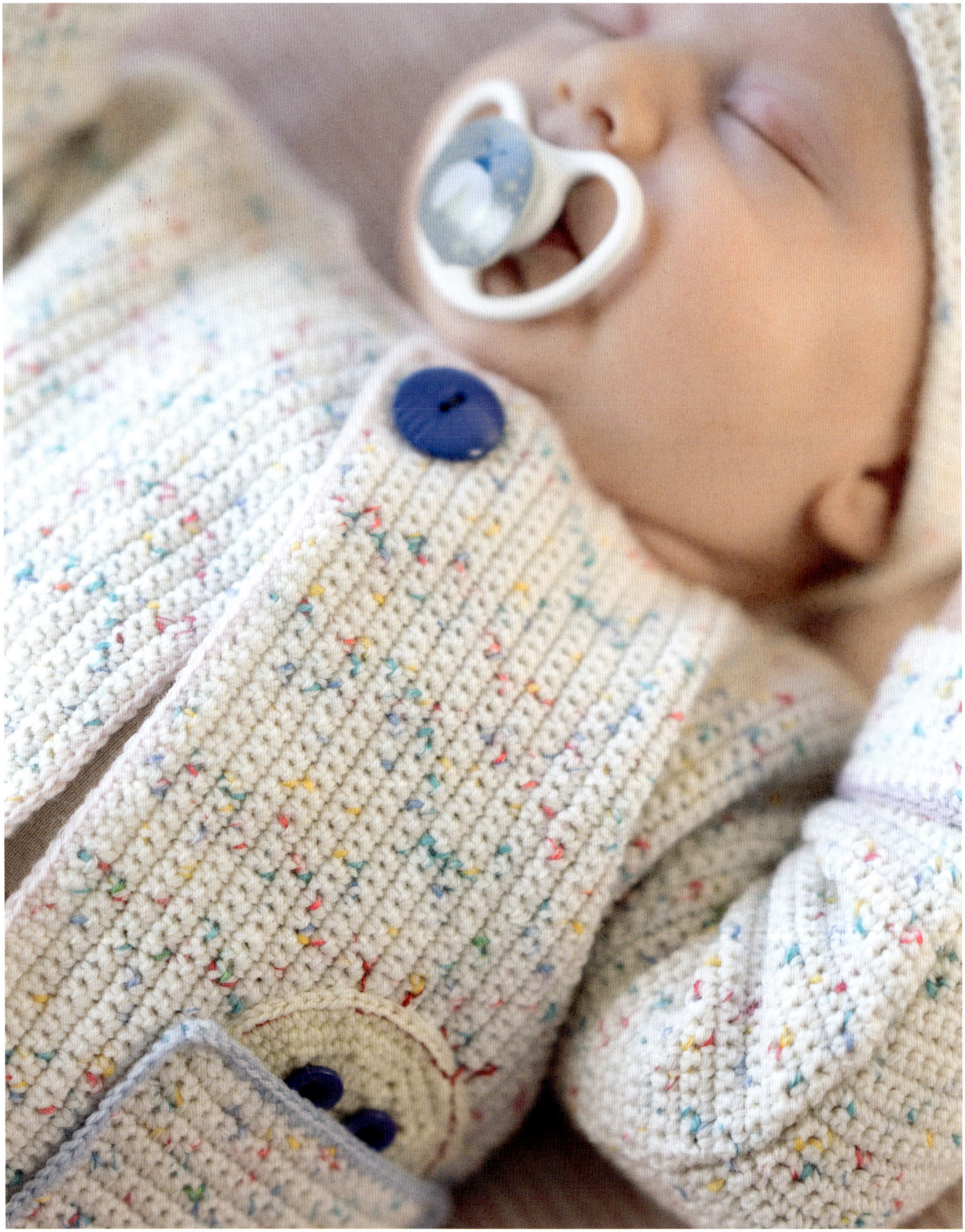

Nun das zweite Vorderteil häkeln.
1. R.: 61 Lm anschlagen. 60 fM häkeln.
2. R.: 1 WendeLm, 60 fM
3. R.: 1 WendeLm, 60 fM häkeln.
Knopfloch in der 4. Reihe einarbeiten. Dazu 54 fM, 3 Lm, 3 M überspringen, mit 3 fM Reihe beenden.
19 R. weiterhäkeln.
In der 20. R. mit der Zunahme beginnen: letzte fM verdoppeln, 2 Lm, 1 fM in die 2. Lm häkeln, R. fertighäkeln.
In den nächsten Rückr. Zunahme noch 2 x wdh. = 65 M.
Mit dem großen Häkelteil verbinden und wieder über die gesamte Jackenlänge von 136 M häkeln.
Gegengleich arbeiten = Rückenmitte dabei beachten – es müssen gleich viele Reihen zum li u. re Rückenteil gehäkelt werden –, dann den Ärmel mittig weiterhäkeln:
die mittleren 56 M 8 Reihen hochhäkeln und dann mit der Abnahme beginnen: jeweils li. und re. 1 M in der 9., 15., 21., 27., 31., 35., 39. und 44. Reihe abnehmen, es bleiben 40 M übrig. Bis zur 58. Reihe arbeiten, dann Faden abschneiden.
Die Seitennähte zusammennähen. Mit Wolle in Pastellfarben Ärmelränder und gesamtes Jäckchen mit fM umhäkeln.

Tasche:

21 Lm anschlagen. 20 fM über 22 R. häkeln. Mit Wolle in Pastellfarbe umhäkeln und Tasche auf das Jäckchen nähen.

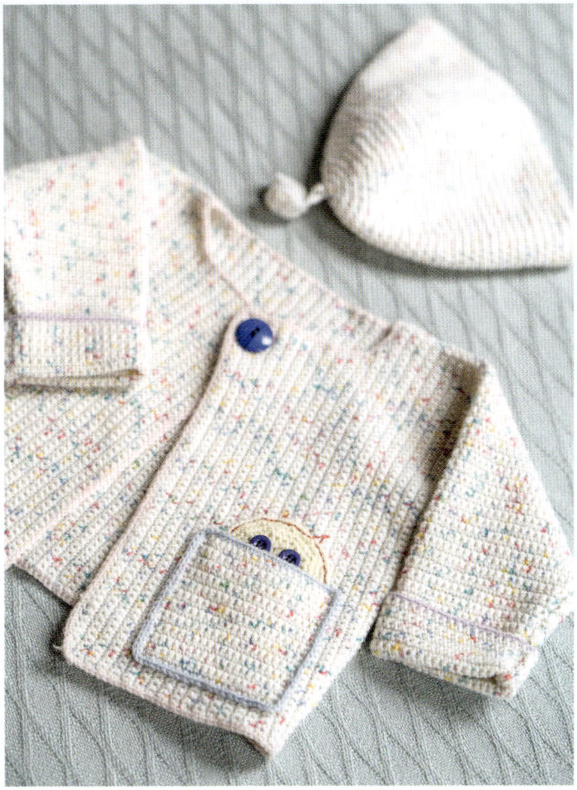

„Frechdachs":

6 Lm mit 1 Km zum Ring schließen.
1. Rd.: 2 WendeLm, 10 HStb
2. Rd.: 2 WendeLm, in jedes HStb der Vorr. jeweils 2 Hstb häkeln.
3. Rd.: 2 WendeLm, 1 Hstb, *2 HStb in jede 2. M der Vorr., 1 HStb, von *–* wdh., dann mit fM weiterhäkeln.
4. Rd.: 1 WendeLm, * in jede 3. M der Vorr. 2 fM, 2 fM*, von *–* wdh.
5. Rd.: 1 WendeLm, *in jede 4. M der Vorr. 2 fM, 3 fM*, von *–* wdh.
6. Rd.: 1 WendeLm, *in jede 5. M der Vorr. 2 fM, 4 fM*, von *–* wdh.
Den „Frechdachs" in die Tasche hineinstecken und festnähen. Mit rotem Stickgarn einige Haare und die Kopfkontur nachsticken. 2 blaue Knöpfe als Augen aufnähen. 1 großen Knopf zum Schließen des Jäckchens anbringen.

Babymützchen »Yo-Yo«

GRÖSSE: 2–5 Monate

MATERIAL

Merino 200 Bebe Color von Lang Yarns, 50 g in Weiß Bedruckt (352)
1 Knäuel reicht für das Babymützchen und die Babyschuhe S. 42
Häkelnadel Nr. 2,5

Grundmuster:

HStb, DStb

ANLEITUNG

Mützchen:

4 Lm mit 1 Km zum Ring schließen.
1. Rd.: 8 HStb in den Ring häkeln, dabei 2 Lm als Ersatz für 1. HStb häkeln. Mit 1 Km die Runde schließen.
2. Rd.: 2 HStb in jedes HStb, dabei 2 Lm als Ersatz für 1. HStb häkeln = 16 HStb, mit 1 Km die Runde schließen.
3. Rd.: 2 Lm als Ersatz für 1. HStb, *2 HStb in das nächste HStb, 1 HStb*, von *–* wdh. = 24 HStb, mit 1 Km die Runde schließen
4. Rd.: 2 Lm als Ersatz für 1. HStb, 1 HStb in das nächste HStb *2 HStb in das nächste HStb, 2 HStb*, von *–* wdh. = 32 HStb, mit 1 Km die Runde schließen.
5. Rd.: 2 Lm als Ersatz für 1. HStb, 2 HStb, *2 HStb in das nächste HStb, 3 HStb*, von *–* wdh. = 40 HStb, mit 1 Km die Runde schließen.
6. Rd.: 2 Lm als Ersatz für 1. HStb, je 1 HStb in die ersten 3HStb, *2 HStb in das nächste HStb, 4 HStb *, von *–* wdh. = 48 HStb, mit 1 Km die Runde schließen.
7. Rd.: 2 Lm als Ersatz für 1. HStb, je 1 HStb in die ersten 4 HStb, *2 HStb in das nächste HStb, 5 HStb *, von *–* wdh. = 56 HStb, mit 1 Km die Runde schließen.
8. Rd.: 2 Lm als Ersatz für 1. HStb, je 1 HStb in die ersten 5 HStb, *2 HStb in das nächste HStb, 6 HStb*, von *–* wdh. = 64 M, mit 1 Km die Runde schließen.
9. Rd.: 2 Lm als Ersatz für 1. HStb, je 1 HStb in die ersten 6 HStb, *2 HStb in das nächste HStb, 7 HStb*, von *–* wdh. = 72 M, mit 1 Km die Runde schließen.
10. Rd.: 2 Lm als Ersatz für 1. HStb, je 1 HStb in die ersten 7 HStb, *2 HStb in das nächste HStb, 8 HStb*von *–*wdh. = 80 M, mit 1 Km die Runde schließen.
11. Rd.: 2 Lm als Ersatz für 1. HStb, je 1 HStb in die ersten 8 HStb, *2 HStb in das nächste HStb, 9 HStb*, von *–*wdh. = 88 M, mit 1 Km die Runde schließen.
12. Rd.: 2 Lm als Ersatz für 1. HStb, je 1 HStb in die ersten 9 HStb, *2 HStb in das nächste HStb, 10 HStb*, von *–* wdh. = 96 M, mit 1 Km die Runde schließen.
13. Rd.: 4 M über die Reihe verteilt zunehmen.
14. Rd.: 2 M über die Reihe verteilt zunehmen.
15. Rd.: über die 102 HStb häkeln, bis eine Höhe von 13,5 cm erreicht ist. Faden abschneiden und vernähen.

Yo-Yo:

4 Lm mit 1 Km zum Ring schließen.
In den Lm-Ring 16 DStb häkeln (1. DStb mit 4 Lm ersetzen), 16 Lm anhäkeln, und am Ende nochmals einen Ring von insgesamt 4 Lm schließen und in diesen ebenfalls 16 DStb häkeln (1. DStb mit 4 Lm ersetzen). An das Mützchen nähen.

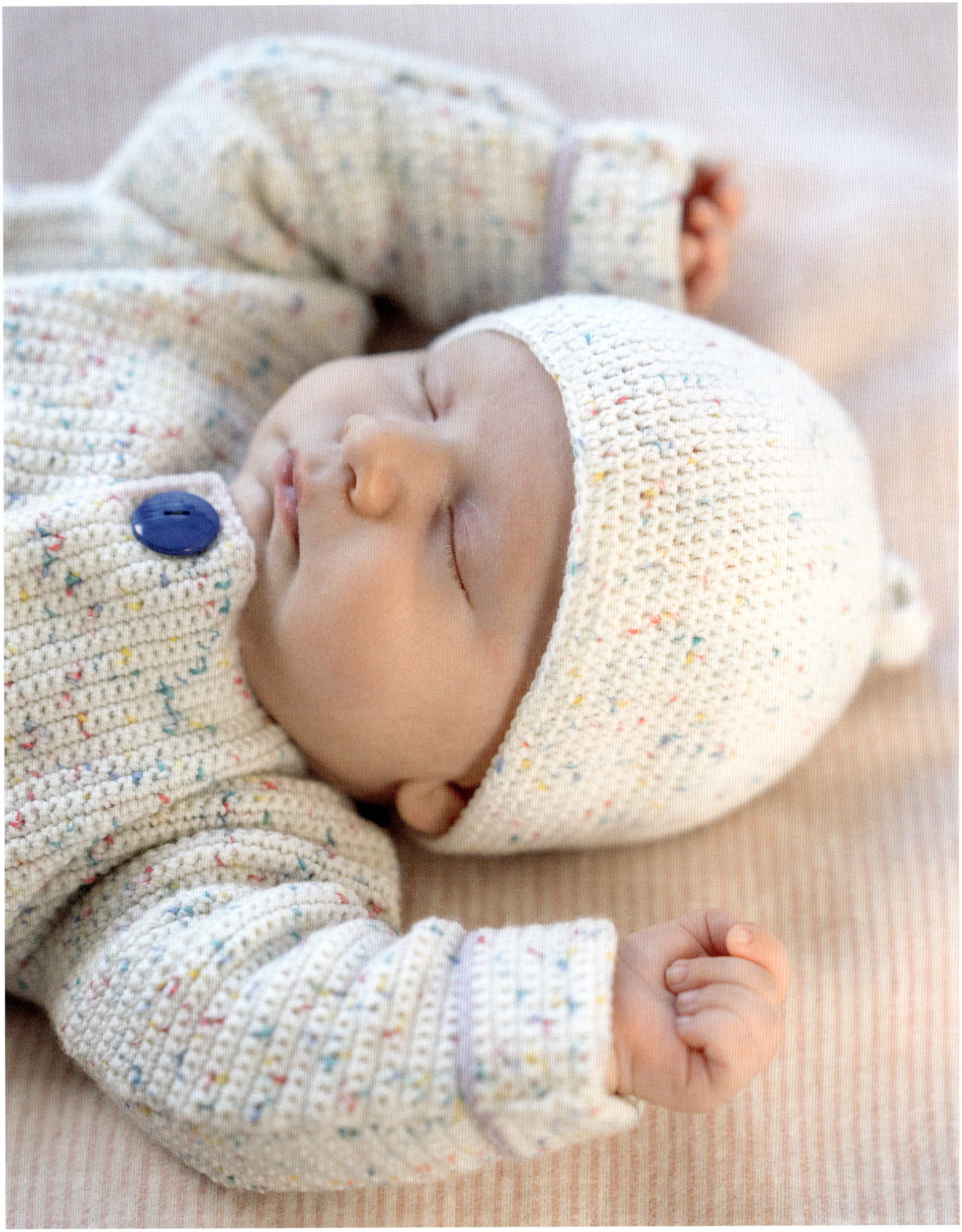

Babyschuhe »Softies«

GRÖSSE: 2–5 Monate

MATERIAL

Merino 200 Bebe Color von Lang Yarns, 50 g in Weiß Bedruckt (352)
1 Knäuel reicht für die Babyschuhe und das Babymützchen S. 40
Häkelnadel Nr. 2,5

Grundmuster:
fM, HStb, Stb

ANLEITUNG

21 Lm anschlagen
1. R.: 20 fM ab der 2. Lm häkeln.
2. R.: WendeLm 20 fM, hierbei in der ersten und letzten M jeweils 3 fM arbeiten = 24 M
3.–11. R.: WendeLm 24 fM häkeln (4 cm).
12. R.: WendeLm, am Anfang und am Ende jeweils 2 x 2 fM zusammenhäkeln = 20 M
Die Sohle ist fertig, Faden abschneiden und vernähen.
Nun in Runden Stb um die Sohle häkeln:
1. Rd.: an der hinteren Mitte des Fußes beginnen (= Mitte der Schmalseite): 3 Lm als Ersatz fürs 1. Stb, 2 Stb bis zur Ecke, 2 Stb in die Ecke, je 1 Stb in die 20 fM an der Seite, 2 Stb in die Ecke, 6 Stb an der schmalen Seite (Spitze), 2 Stb in die Ecke, 20 Stb an der Seite, 2 Stb in die Ecke und 3 Stb an der kurzen Seite bis zur hinteren Mitte, mit 1 Km die Rd. beenden = 60 M
2. Rd.: 1 Lm, fM auf jedes Stb häkeln, dabei an der vorderen Spitze jeweils 2 x 2 fM zusammenhäkeln = 58 M
3. Rd.: 22 fM, 1 HStb, 2 Stb zusammenhäkeln, 8 Stb, 2 Stb zusammenhäkeln, 1 HStb, 22 fM häkeln = 56 M
4. Rd.: 21 fM, 1 HStb, 2 Stb zusammenhäkeln, 8 Stb, 2 Stb zusammenhäkeln, 1 HStb, 21 fM = 54 M
5. Rd.: 20 fM, 1 HStb, 2 Stb zusammenhäkeln, 8 Stb, 2 Stb zusammenhäkeln, 1 HStb und 20 fM = 52 M
6. Rd.: 19 fM, 1 HStb, die 12 nächsten Stb paarweise zusammenhäkeln, 1 HStb und 19 fM = 46 M
7. Rd.: 17 fM, 1 HStb, 2 Stb zusammenhäkeln, 6 Stb, 2 Stb zusammenhäkeln, 1 HStb, 17 fM = 44 M
8. Rd.: über alle fM der Vorr. Stb häkeln, dabei 4 x 2 Stb zusammenhäkeln = 40 M
9. Rd.: 40 fM
10. Rd.: 4 Lm, in die 2. M *1 Stb, 1 Lm, eine M überspringen*, von *–* wdh., mit 1 Lm und 1 Km die Runde schließen.
11. Rd.: 1 Km in den 1. Luftmaschenbogen häkeln, *3 Lm, 1 fM in die 1. Lm häkeln (Picot), 1 fM in den nächsten Luftmaschenbogen häkeln*, von *–* wdh. Faden abschneiden und vernähen.
Ein Band aus 75 Lm häkeln und einziehen.
Den zweiten Schuh entsprechend häkeln.

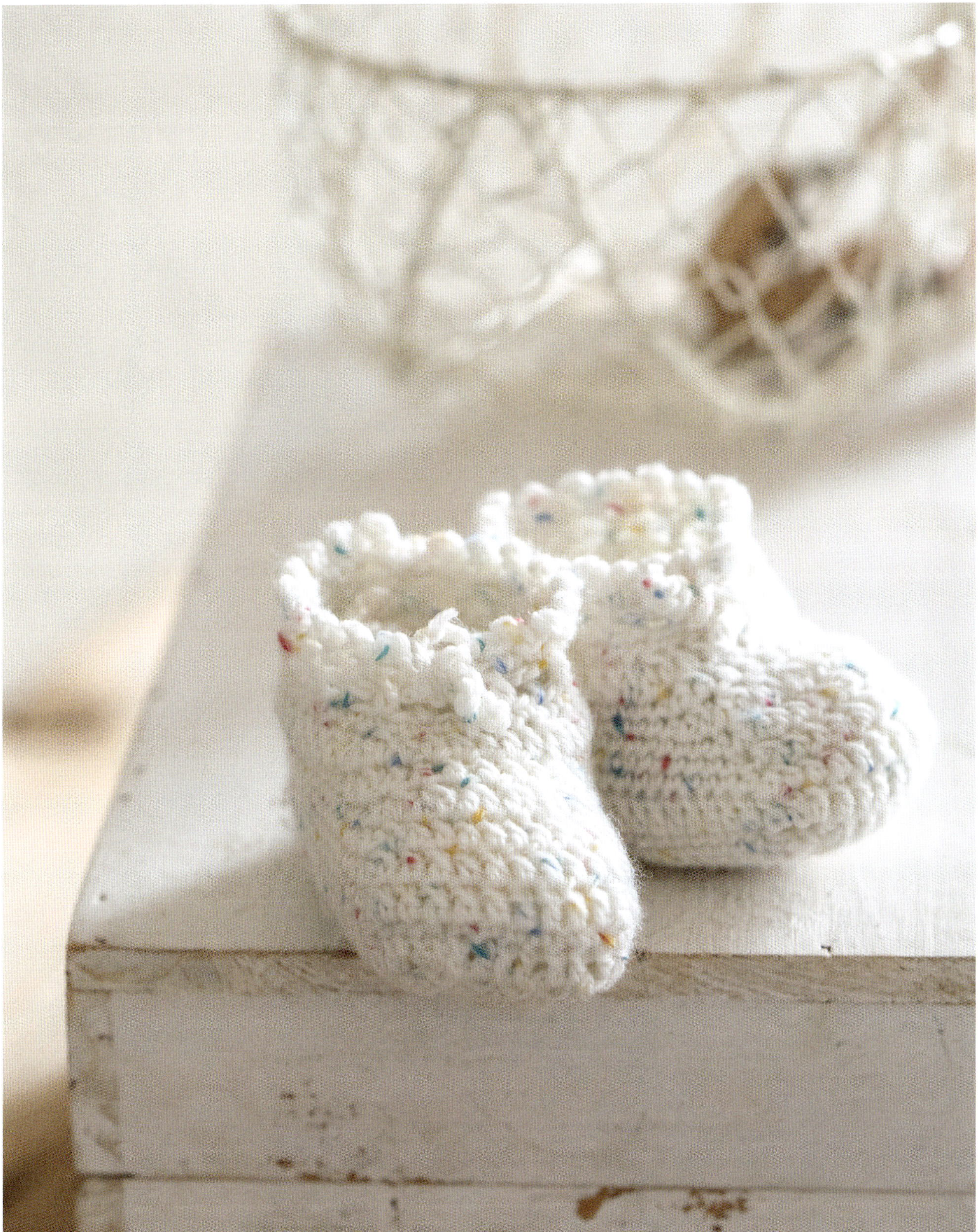

Schmusetier »Lachsforelle«

MATERIAL

Baby Cotton von Lang Yarns, je 50 g in Sand (0096) und Color Lachs (0054)
Häkelnadel Nr. 2,5

Grundmuster:
fM

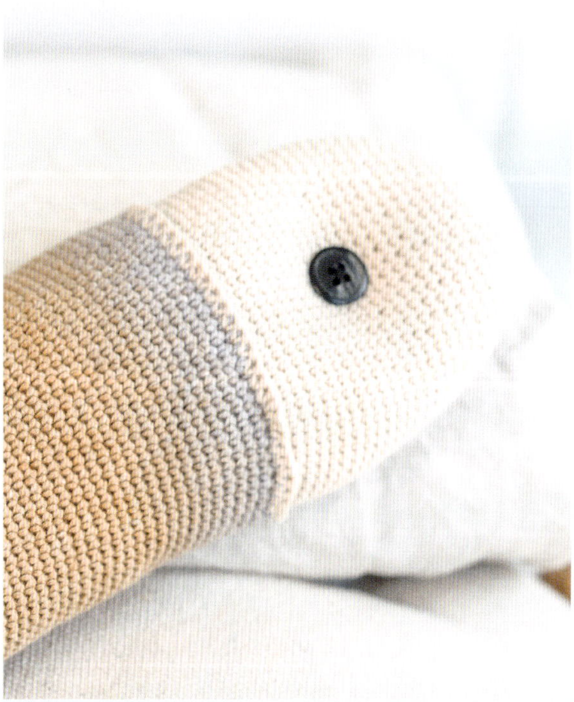

ANLEITUNG

Kopf:
In Sand 4 Lm mit 1 Km zum Ring schließen.
1. Rd.: 1 Lm, 8 fM in den Ring häkeln. Mit 1 Km Rd schließen. Ab hier keine Lm und Km häkeln.
2. Rd.: jede fM verdoppeln = 16 M
3. Rd.: jede 2. M verdoppeln = 24 M
4. Rd.: jede 3. M verdoppeln = 32 M
5. Rd.: jede 8. M verdoppeln = 36 M
6.–10. Rd.: jeweils am Reihanfang und in der Reihmitte je 1 M zunehmen = 46 M
11. Rd.: 46 fM
12., 14., 16., 18., 20., 22. Rd.: am Anfang und in der Mitte jeweils 2 fM zunehmen = 58 M
Die 13., 15., 17., 19., 21. sowie die 23.–28. Rd. ohne Zunahme häkeln.
Insgesamt über 28 Rd. häkeln. Faden abschneiden.

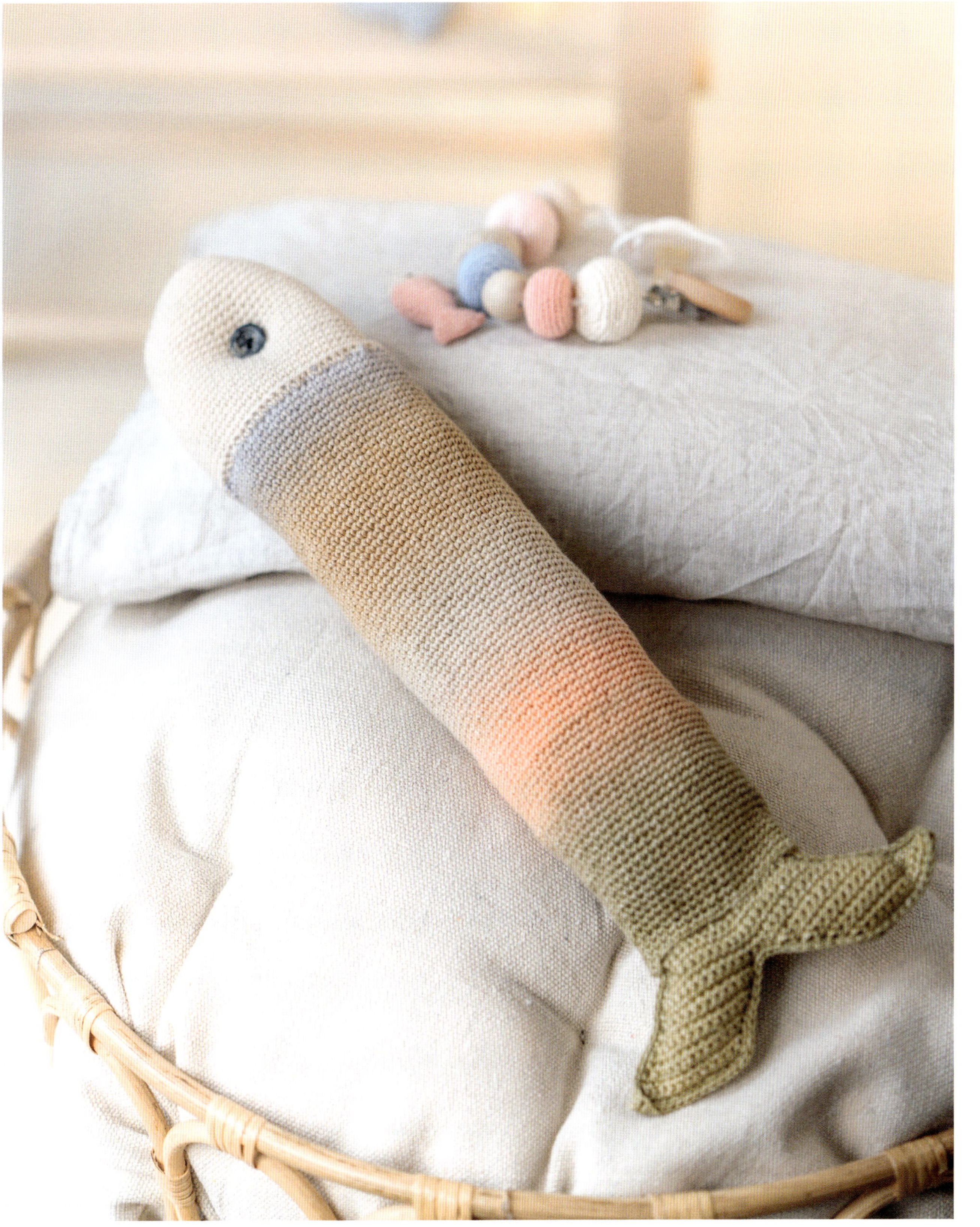

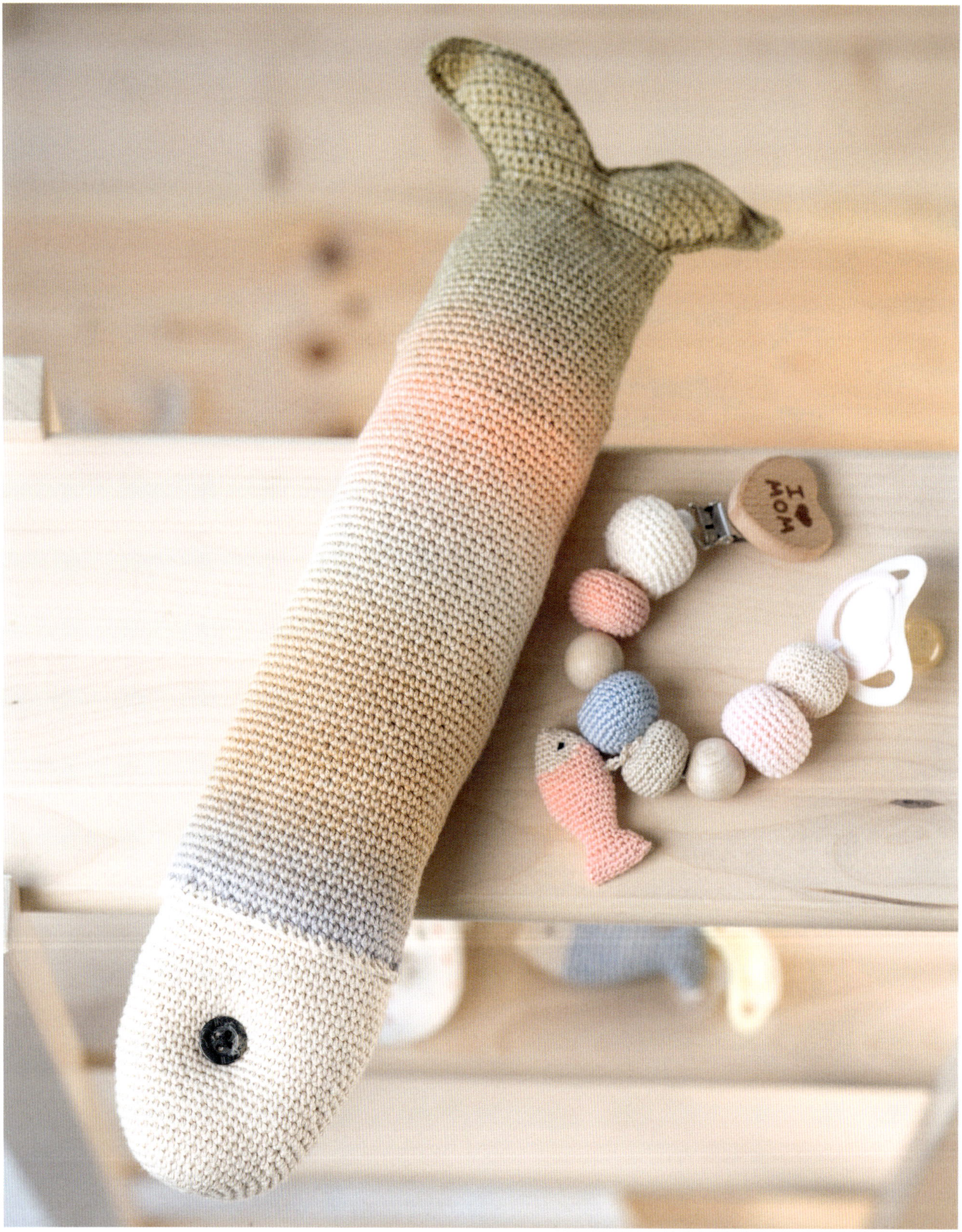
I ♥ MOM

Körper:

In Color Lachs 58 + 1 Lm mit 1 Km zum Ring schließen.

1. Rd.: 1 Lm, 58 fM in den Ring häkeln.

Mit fM in Runden arbeiten und auf die AnfangsLm und Km am Ende der Runden verzichten. Rundenanfang markieren. 19 cm hochhäkeln.

Dann abnehmen: am Anfang und in der Mitte der Reihe jeweils 1 fM überspringen.

2 Rd. darüber häkeln. Diese 3 Abnahmereihen 4 x wdh. = 50 M

In der nächsten Runde am Anfang und in der Mitte 2 M abnehmen und 1 Rd. darüber häkeln. Diese 2 Abnahmereihen 3 x wdh. = 44 M

Zum Abschluss nochmal 2 x 2 M in jeder Runde abnehmen = 40 M

Über diese 40 M noch 2 Rd. häkeln. Faden abschneiden.

Flosse: (2 x)

In Color Lachs 21 Lm anschlagen.

1. R.: 1 WendeLm, 20 fM

2.–8. R.: 1 WendeLm, 20 fM

9.–11. R.: 1 WendeLm, jeweils die erste und letzte fM verdoppeln und fM häkeln = 26 M

12. R.: 1 WendeLm, erste fM verdoppeln und 11 fM häkeln. = 13 M (Die 13. und 14. M der 11. Reihe in der 12. Reihe nicht häkeln, sondern stehenlassen!)

13. R.: 1 WendeLm, 1 M überspringen, 11 fM häkeln und die letzte Randmasche verdoppeln. = 13 M

14. R.: 1 WendeLm, 1 M verdoppeln, 11 fM häkeln = 13 M

15. R.: 1 WendeLm, 1 M überspringen, 11 fM häkeln und die letzte Randmasche verdoppeln = 13 M

16. R.: 1 WendeLm, 1 M verdoppeln, 11 fM = 13 M

17. R.: 1 WendeLm, 1 M überspringen, 11 fM häkeln und die letzte Randmasche verdoppeln = 13 M

18. R.: 1 WendeLm, 1. M verdoppeln, 11 fM = 13 M

19. R.: 1 WendeLm, 1 M überspringen, 11 fM häkeln und die letzte Randmasche verdoppeln = 13 M

20. R.: 1 WendeLm, 1. M verdoppeln, 11 fM = 13 M

Darauf achten, dass in jeder R. 13 fM gearbeitet werden und die M immer um eins versetzt werden.

Den zweiten Teil der Flosse gegengleich häkeln, dabei die beiden mittleren M der Flosse (13.+14.) liegen lassen und ab der 15. M beginnen.

Die Flossenteile links auf links legen und mit fM zusammenhäkeln.

Die Flosse in die Öffnung des Körpers stecken und annähen. Den Fisch mit Füllwatte füllen.

Den Kopf mit fM an den Körper anhäkeln. Knöpfe als Augen fest annähen.

Schnullerkette »Fischlein«

MATERIAL

Reste von Filethäkelgarn, z.B. Stärke 5 von Elisa Ecru (8500), Stärke 20 von Anchor Coats Aida Rosa (1010), Stärke 12 von Anchor Freccia Rosa (31), Stärke 40 von Anchor Mercer Crochet Dunkelbeige (831), Stärke 10 von Elisa Rosa (8161)
Füllwatte
Holzkugeln
Häkelnadel, je nach Garnstärke, Nr. 1,25, 1,50, 1,75 oder 2
weißen Baumwollfaden, z.B. Pro Lana Weiß (01)
TIPP: Die Häkelnadel eine halbe Größe kleiner wählen, dann erhält man schöne feste Maschen.

Grundmuster:

fM

ANLEITUNG

Bobbel:

Mehrere Bobbel in unterschiedlichen Größen und Farben fertigen. Dazu verschiedene Garnstärken wählen.
4 Lm mit 1 Km zum Ring schließen. Rundenanfang markieren!
1. Rd.: 1 Lm, 8 fM in den Ring häkeln.
In Runden weiterhäkeln, auf die Lm am Rundenanfang und die Km am Ende der Runde verzichten!
2. Rd.: jede fM verdoppeln (aus jeder fM der Vorreihe 2 fM häkeln) = 16 fM
3. Rd.: jede 2. M verdoppeln = 24 M
4. Rd.: jede 3. M verdoppeln = 32 M
5.–10. Rd.: 32 fM
11. Rd.: die zugenommenen M wieder abnehmen: 3 fM, 1 M überspringen, 3 fM, 1 M überspringen usw.= 24 M 12. Rd.: 2 fM, 1 M überspringen, 2 fM, 1 M überspringen usw. = 16 M.
Nun den Bobbel mit Füllwatte füllen und weiterhäkeln.
13. Rd.: 1 fM, 1 M überspringen, 1 fM, 1 M überspringen usw. = 8 M
Faden abschneiden, durch die Maschen führen und die kleine Öffnung damit schließen und alles gut vernähen. Mehrere Bobbel häkeln. Diese abwechselnd mit Holzkugeln auf Baumwollgarn fädeln, am Clip festnähen und Schnuller anbinden.

Fischlein:

Material: kleine Menge Stärke 20 von Anchor Coats Aida Rosa (1010) und Sand (387)
An der Flosse beginnen.
In Rosa 20 Lm mit 1 Km zur Runde schließen. Auf die Lm am Rundenanfang und die Km am Ende der Runde verzichten.
1. Rd.: 16 fM in den Ring häkeln.
2. und 3. Rd.: fM, dabei gleichmäßig verteilt 4 M abnehmen = 12 M
4. und 5. Rd.: fM = 12 M
6., 8. und 10. Rd.: fM, dabei gleichmäßig verteilt 4 M zunehmen = 24 M
7., 9., 11.–17. Rd.: fM
Ab 18. R in Farbe Sand häkeln!
18., 20., 22. und 24. Rd.: fM, dabei gleichmäßig verteilt 4 M abnehmen = 8 M
19., 21. und 23. Rd.: fM
Nach der 24. Rd. Faden abschneiden und gut vernähen. Augen aufsticken. Fischlein von der Flosse aus mit Füllwatte ausstopfen und zunähen.

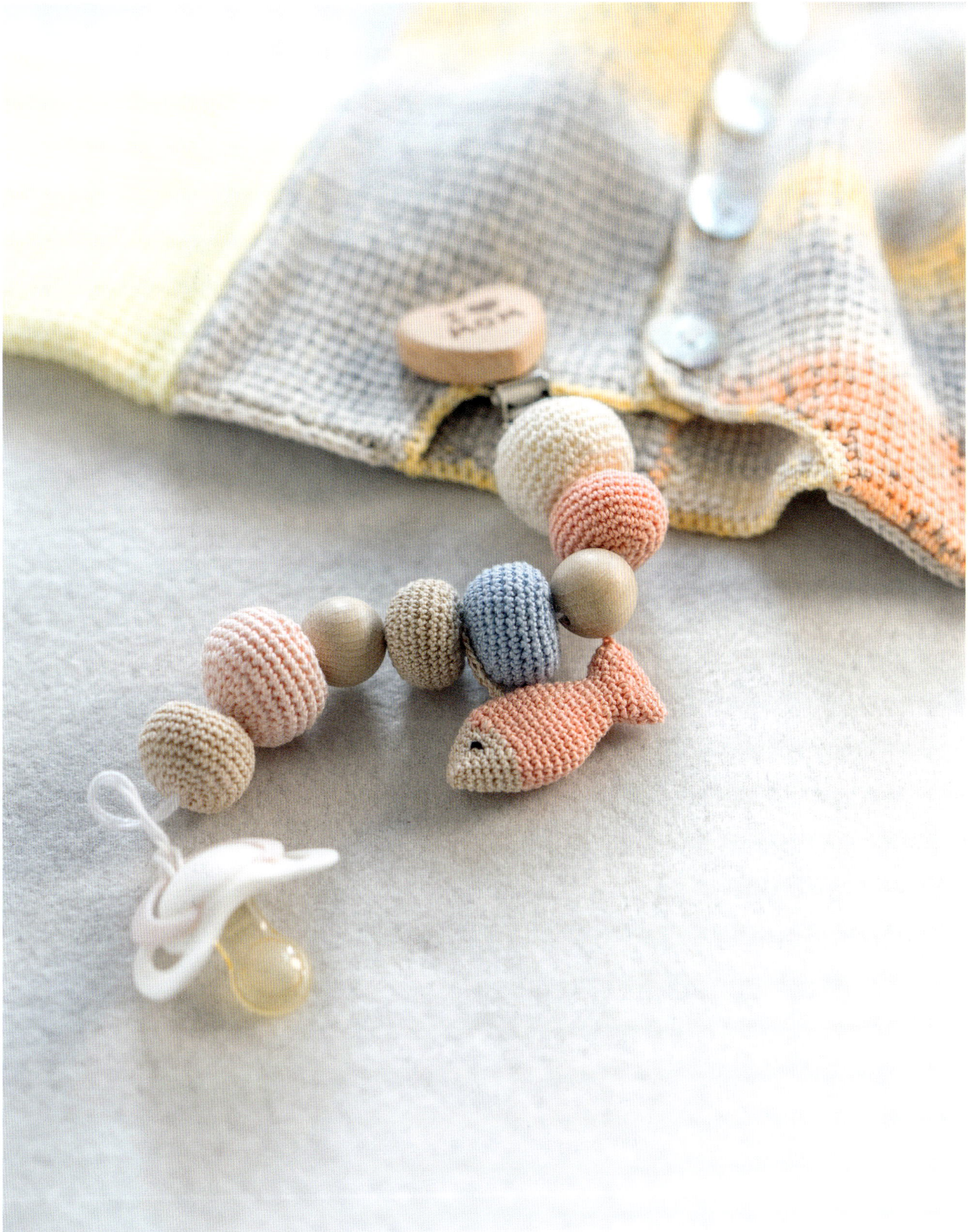

Fräulein Zahn

MATERIAL

Basic Cotton von Pro Lana, 100 g in Weiß (01) und 50 g in Rosa (32)
Wollreste in Schwarz (99) und Grau (91)
Füllwatte
Häkelnadel Nr. 2,5

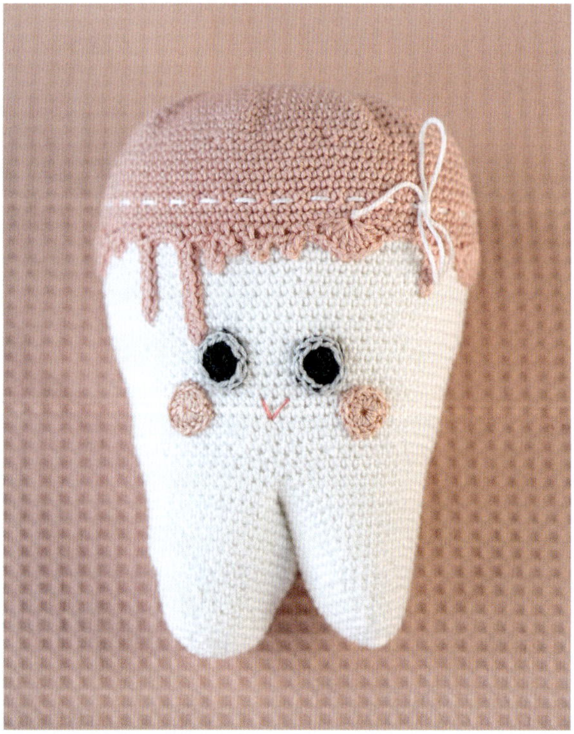

ANLEITUNG

In Weiß 4 Lm mit 1 Km zum Ring schließen. Ohne Lm am Rundenanfang und Km am Ende der Runde häkeln.
1. Rd.: in den Lm-Ring 8 fM häkeln. Rundenanfang markieren.
2. Rd.: Maschen verdoppeln = 16 fM
3. Rd.: *1 fM, 2 fM *, *–* wdh. = 24 M
4. Rd.: *2 fM, 2 fM *, von *–* wdh. = 32 M
5. Rd.: *3 fM, 2 fM *, von *–* wdh. = 40 M
6. Rd.: *4 fM, 2fM *, von *–* wdh. = 48 M
7. Rd.: *5 fM, 2 fM *, von *–* wdh. = 56 M
8. Rd.: *6 fM, 2 fM *, von *–* wdh. = 64 M
9. Rd.: *7 fM, 2 fM *, von *–* wdh. = 72 M
10. Rd.: *8 fM, 2 fM *, von *–* wdh. = 80 M
11. Rd.: *9 fM, 2 fM *, von *–* wdh. = 88 M
12. Rd.: *10 fM, 2 fM *, von *–* wdh. = 96 M
3 weitere Rd. über die 96 M häkeln.
Nach 15 Rd. mit der Abnahme beginnen:
16. Rd.: jede 11. M überspringen = 88 M
17.–25. Rd.: 88 fM
26. Rd.: jede 10. M überspringen = 80 fM
27.–30. Rd.: 80 fM
31. Rd.: jede 9. M überspringen = 72 M
32.–40. Rd.: 72 fM
41. Rd.: jede 9. M überspringen = 64 M

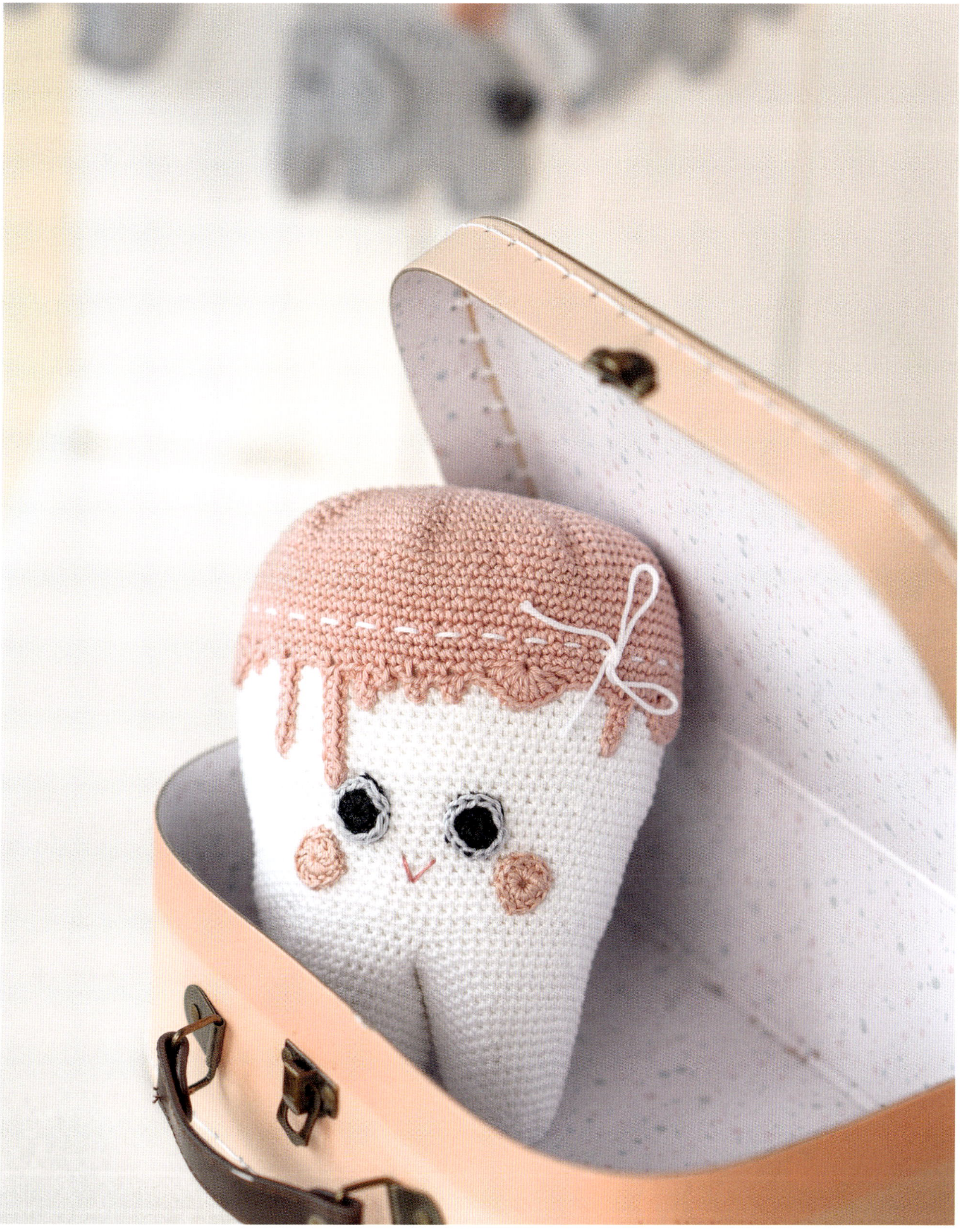

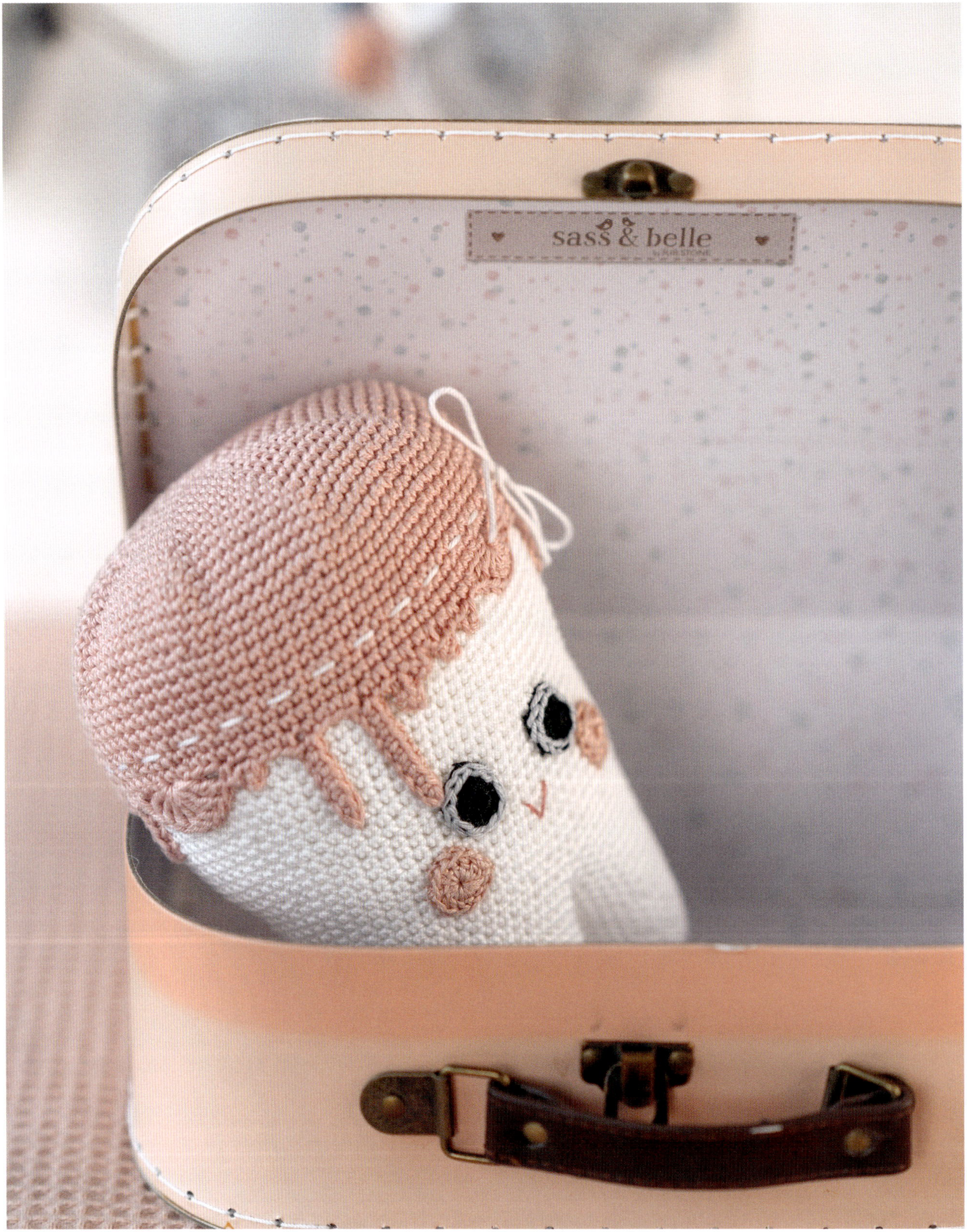
sass & belle

Haube:

In Rosa bis zur 23. Rd. gleich wie oben arbeiten.

23. Rd.: *3 M überspringen, in die nächste M 7 Stb häkeln, 3 M überspringen, 5 fM, 5 Lm, in die Lm-Kette in die 2., 3., 4. und 5. Lm. je eine fM häkeln. 3 fM, 3 M überspringen, in die nächste M 7 DStb häkeln, 3 M überspringen, 1 fM, 3 Lm und in die 1. Lm eine fM arbeiten (1 Picot), 1 M überspringen, 3 fM, 7 Lm, in die Lm-Kette 6 fM häkeln. 4 fM in die nächsten M häkeln, 9 Lm, 8 fM auf die Lm-Kette häkeln. 2 fM, 4 Lm, 3 Km in die Lm-Kette häkeln, 2 fM, 3 Lm, 1 fM in die 1. Lm (Picot), 2 fM, 3 M überspringen, 7 Stb in die nächste M häkeln, 3 M überspringen*, dies von *–* noch 1 x wdh.

Faden abschneiden und vernähen. Haube auf den Körper nähen.

Körper mit Füllwatte formen und die Beine häkeln:

42. Rd.: 32 fM häkeln, eine Lm-Kette von 18 Lm häkeln und mit dem Anfang der Rd. verbinden.

In Runden weiterarbeiten.

Über die 50 M das 1. Bein häkeln.

1.–3. Rd.: fM über die Lm-Kette und die 50 M für das erste Bein häkeln.

4. Rd.: jede 10. M überspringen = 45 M

5.–6. Rd.: 45 fM

7. Rd.: jede 10. M überspringen = 40 M

8.–9. Rd.: 40f M

10. Rd.: jede 8. M überspringen = 35 M

11. und 12. Rd.: 35 fM

13. Rd.: jede 7. M überspringen

14. Rd.: 30 fM

15. Rd.: jede 6. M überspringen

16. Rd.: 25 fM

17. Rd.: jede 5. M überspringen

18. Rd.: jede 4. M überspringen

19. Rd.: jede 3. M überspringen

20. Rd.: jede 2. M überspringen, die restlichen 5 M mit Faden zusammennähen.

Zweites Bein entsprechend häkeln.

Augen und Wangen: (jeweils 2 x)

jeweils in Rosa und Schwarz 4 Lm mit 1 Km zum Ring schließen.

3 Lm und 11 Stb in den Lm-Ring häkeln. Faden abschneiden.

Augen und Wangen aufs Gesicht nähen. Die Augen mit grauem Faden mit Kettenstich umsticken.

Weißen Faden rund um die Kappe einfädeln und eine Schleife binden.

Bänder für Schnuller

MATERIAL

Rosa Band:
z.B. kleine Menge Häkelgarn von Anchor Freccia 12 in Rosa (31) und Anchor Artiste Mercer Crochet 40 in Weiß (7901)

Hellblaues Band:
z.B. kleine Menge Häkelgarn 5 von Elisa in Hellblau (8580)

Beigefarbenes Band:
z.B. kleine Menge Häkelgarn von Phildar Perle 5 in Beige (2264) und Seigle (22192)
Schnuller Clips
Häkelnadel Nr. 2,5

Grundmuster:
fM

ANLEITUNG

Meliertes rosa Band:
In Rosa und Weiß zweifädig 11 Lm anschlagen.
1. R.: 1 Km in die 5. Lm, 2 Lm überspringen, 1 Km, 2 Lm überspringen und in die letzte Lm 1 Km arbeiten.
2. R.: 4 Lm, 1 Km in den 1. Lm-Bogen, 3 Lm, 1 Km in den nächsten Bogen, 3 Lm, 1 Km.
Diese Reihe wdh., bis eine Höhe von 20 cm erreicht ist. Nun das Band mit fM an den Clip häkeln. Am anderen Ende des Bandes mittig 20 Lm häkeln und fM darüber häkeln, so entsteht die Schlaufe für den Schnuller.

Hellblaues Band mit Noppenmuster:
1. R.: in Hellblau 8 fM in den Clip häkeln, hierzu den Faden für die fM durch den Clip holen.
2. R.: 1 WendeLm, fM häkeln, hierbei die erste und letzte fM verdoppeln = 10 M
3. R.: 1 WendeLm, 3 fM, 4 Lm, 4 fM, 4 Lm, 3 fM
4. R.: 1 WendeLm, fM häkeln, dabei die Lm der Vorderr. nach vorne drücken. Es entstehen dabei kleine Noppen auf der Vorderseite.
5. R.: 1 WendeLm, 1 fM, 4 Lm, 4 fM, 4 Lm, 4 fM, 4 Lm, 1 fM
6. R.: 1 WendeLm, 10 fM
3.–6. R. wdh., bis eine Höhe von 20 cm erreicht ist. Am Ende des Bandes eine Schlaufe von 20 Lm anhäkeln und diese mit fM verstärken.

Beigefarbenes Band:
In Seigle 6 fM in den Clip häkeln.
1. R.: 1 WendeLm, fM, hierbei erste und letzte M verdoppeln = 8 fM
2.–6. R.: 8 fM
Faden abschneiden.
7.–10. R: in Hellbeige über die mittleren 6 M fM arbeiten. Die erste und letzte M wird nicht gehäkelt. Faden abschneiden.
11. R.: in Dunkelbeige 2 WendeLm, in die 2. Lm 1 fM arbeiten, 5 fM, die letzte M verdoppeln = 8 M
Insgesamt 6 R. (12.–16. R.) mit 8 fM weiterhäkeln,
7.–16. R. wdh., bis eine Länge von 20 cm erreicht ist. Das Band mit fM umhäkeln und dabei am Ende des Bandes eine Schlaufe von 20 Lm anhäkeln und diese Lm-Kette mit fM umhäkeln. Alle Fäden vernähen.

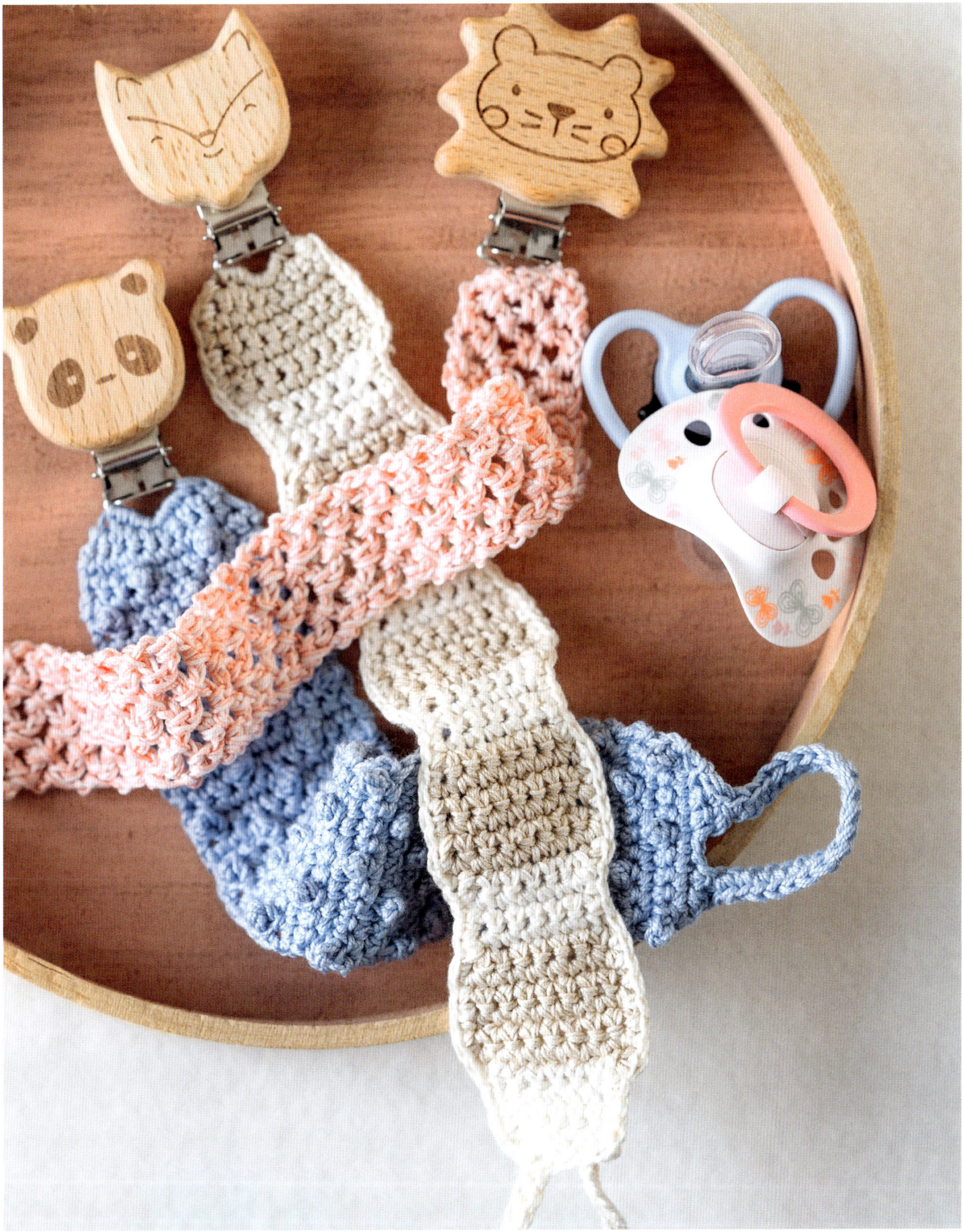

Greifling »Sonne und Stern«

MATERIAL

Cotton Quick Minis von Gründl, je 20 g in Gelb (131) und Weiß (001)
Häkelgarn in Anthrazit (95) und Rosa (32) zum Sticken
Beißring aus Holz in Mondform
Füllwatte
Häkelnadel Nr. 2,5

Grundmuster:

fM, HStb, Stb, DStb

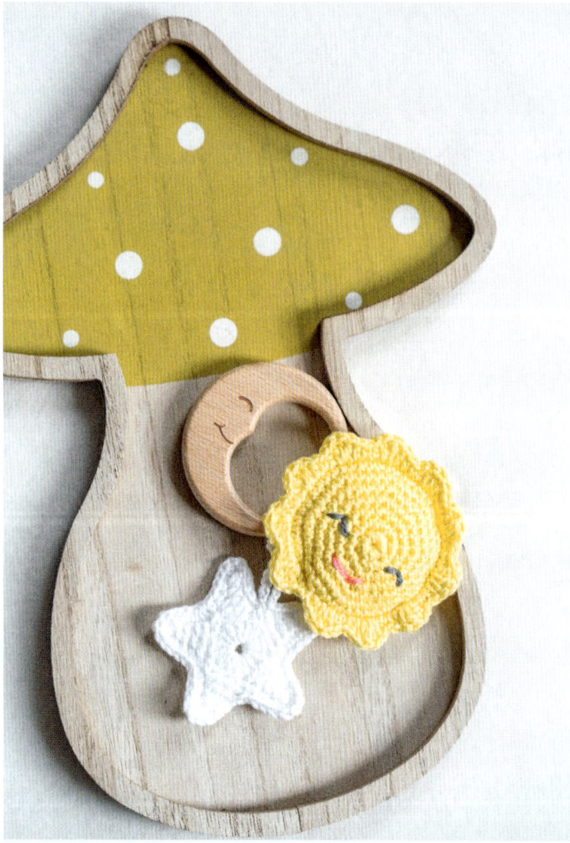

ANLEITUNG

Sonne: (2x)

In Gelb 4 Lm mit 1 Km zum Ring schließen.
1. Rd.: 1 Lm, 8 fM in den Lm-Ring häkeln. Mit 1 Km schließen.
2. Rd.: jede M verdoppeln = 16 M
3. Rd.: jede 2. M verdoppeln = 24 M
4. Rd.: jede 3. M verdoppeln = 32 M
5. Rd.: jede 4. M verdoppeln = 40 M
6. Rd.: jede 5. M verdoppeln = 48 M

Mit 1 Km in die nächste M der Vorreihe abschließen. Faden abschneiden und vernähen.
Hierbei die kleine Öffnung mit dem Faden zunähen.
Die beiden Teile li. auf li. zusammenlegen und mit fM umhäkeln, dabei das letzte Stück offenlassen und mit Watte füllen, dann mit fM verschließen.
Sonnenstrahlen wie folgt arbeiten:
1 Lm, *1 HStb, in die nächste M 1 Stb, 1 DStb und 1 Stb häkeln, dann in die nächste M 1 HStb, 1 fM häkeln*, von *–* wdh. Es entstehen 11 Sonnenstrahlen.
Gesicht mit Anthrazit und Rosa aufsticken. Die Sonne auf den Beißring nähen.

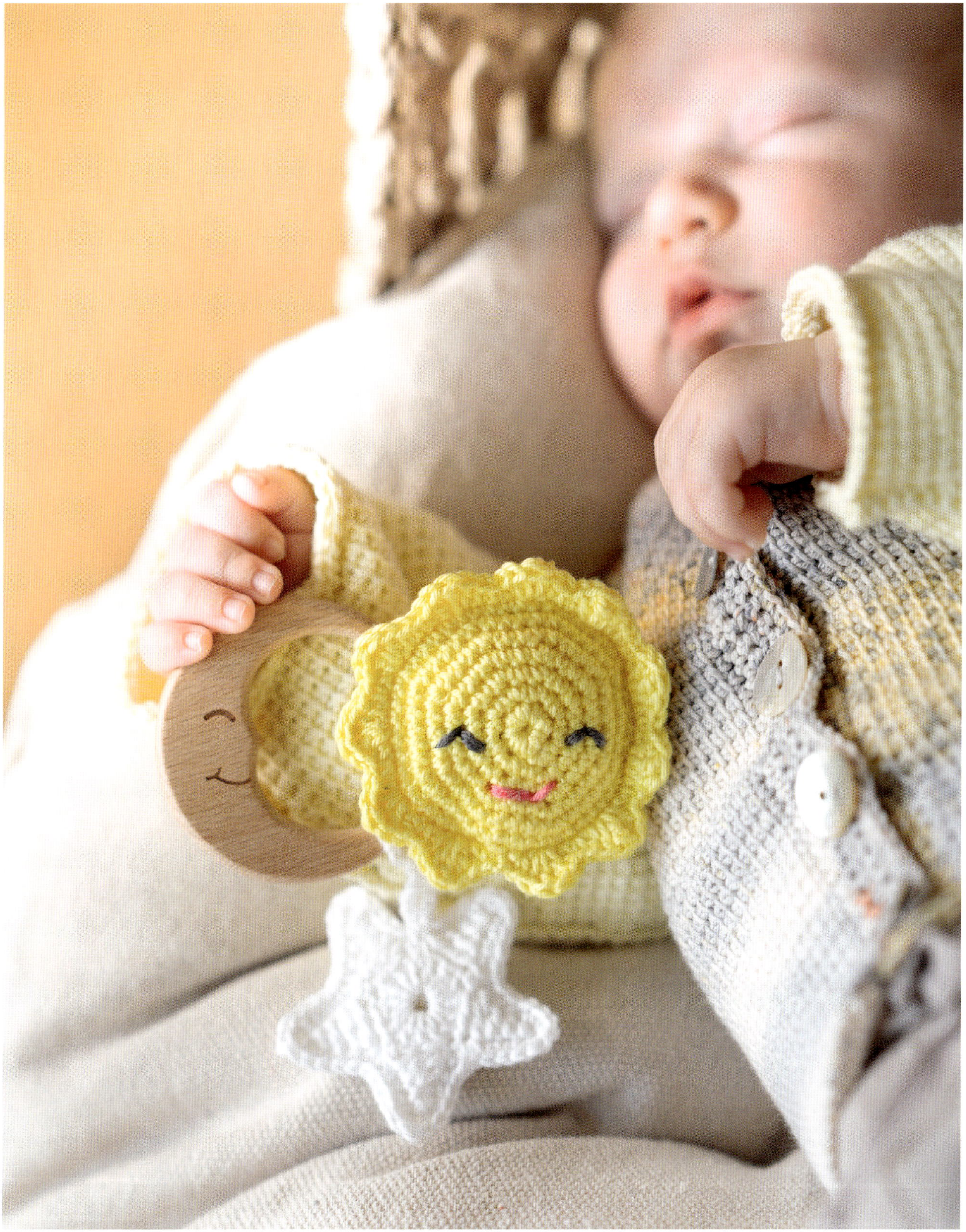

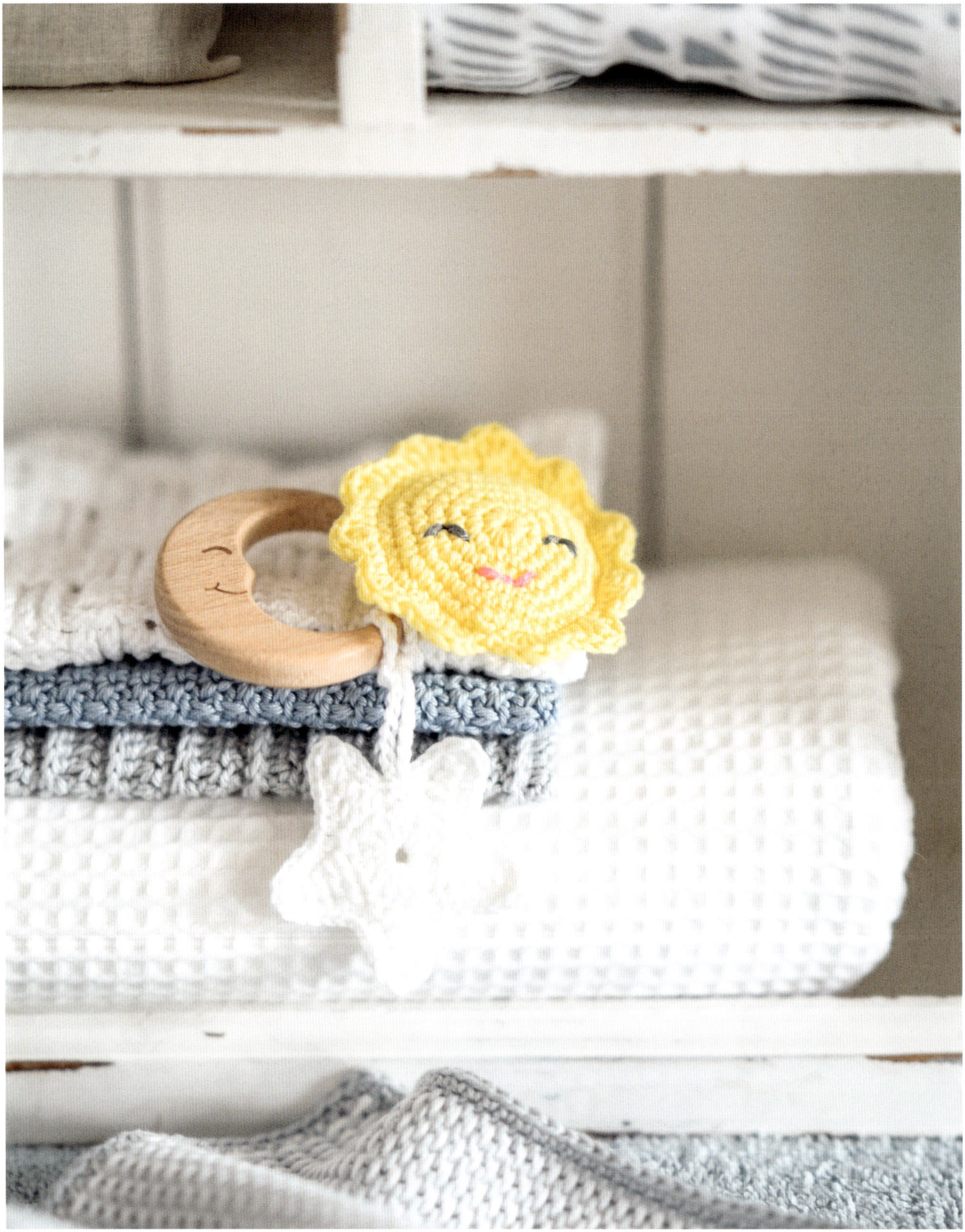

Stern: (2x)

In Weiß 5 Lm zum Ring schließen.
3 Lm (als Ersatz für das 1. Stb) häkeln und 14 Stb in den Ring häkeln, mit 1 Km schließen. 6 Lm häkeln, in die 3. Lm 1 fM (Sternspitze), in die 4. Lm 1 HStb, in die 5. Lm 1 Stb und in die letzte Lm 1 doppeltes Stb häkeln. Nun die 1. Sternzacke mit 1 Km am dritten Stb der Vorr. befestigen.
Nun diese Sternzacke noch mal 4 x häkeln und mit 1 Km schließen.
Die beiden Teile mit fM zusammenhäkeln, dabei in die Sternspitze jeweils 3 fM arbeiten. Eine Lm-Kette von ca. 30 M an den Stern anhäkeln. Den Stern mit der Lm-Kette auf dem Beißring befestigen.

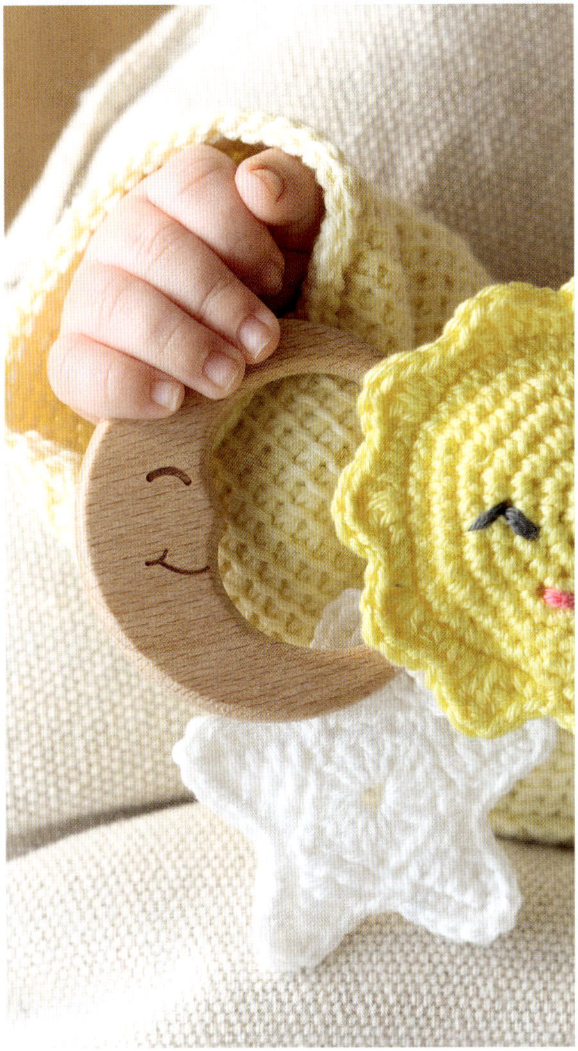

Regenbogenkissen

MATERIAL

Catania von Schachenmayr je 50 g in Lavendel (422), Wolke (247), Jade (253), Vanille (403), Koralle (410), Rot (115), Weiß (106)
Füllwatte
Häkelnadel Nr. 2,5

Grundmuster:
fM, in Runden häkeln, ohne Lm am Anfang, ohne Km am Ende der Runde. Anfang der Runde markieren!

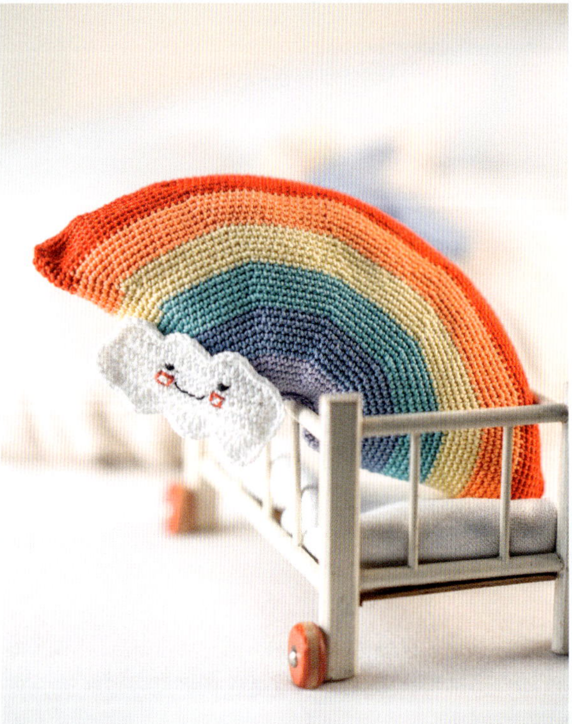

ANLEITUNG

In Lavendel 30 Lm anschlagen und mit 1 Km zum Ring schließen.
1. Rd.: 30 fM 2. Rd.: jede 3. M verdoppeln = 40 M
3. Rd.: 40 fM
4. Rd.: jede 4. M verdoppeln = 50 M
5. Rd.: 50 fM
6. Rd.: jede 5. M verdoppeln = 60 M
Weiter in Farbe Wolke häkeln:
7. Rd.: 60 fM
8. Rd.: jede 6. M verdoppeln = 70 M
9. Rd.: 70 M
10. Rd.: jede 7. M verdoppeln = 80 M
11. Rd.: 80 fM
12. Rd.: jede 8. M verdoppeln = 90 M
Weiter in Farbe Jade häkeln:
13. Rd.: 90 fM
14. Rd.: jede 9. M verdoppeln = 100 M
15. Rd.: 100 fM
16. Rd.: jede 10. M verdoppeln = 110 M
17. Rd.: 110 fM
18. Rd.: jede 11. M verdoppeln = 120 M

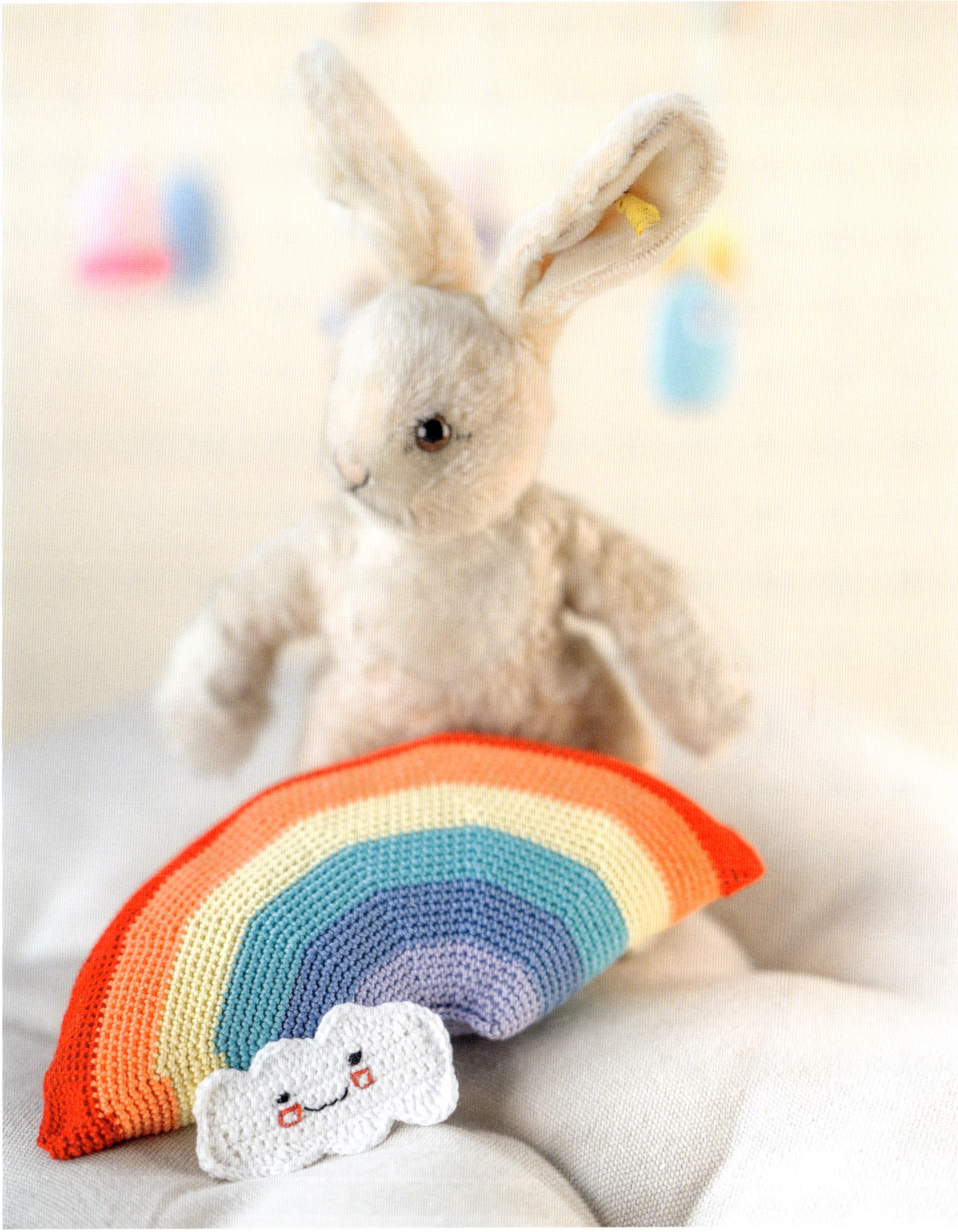

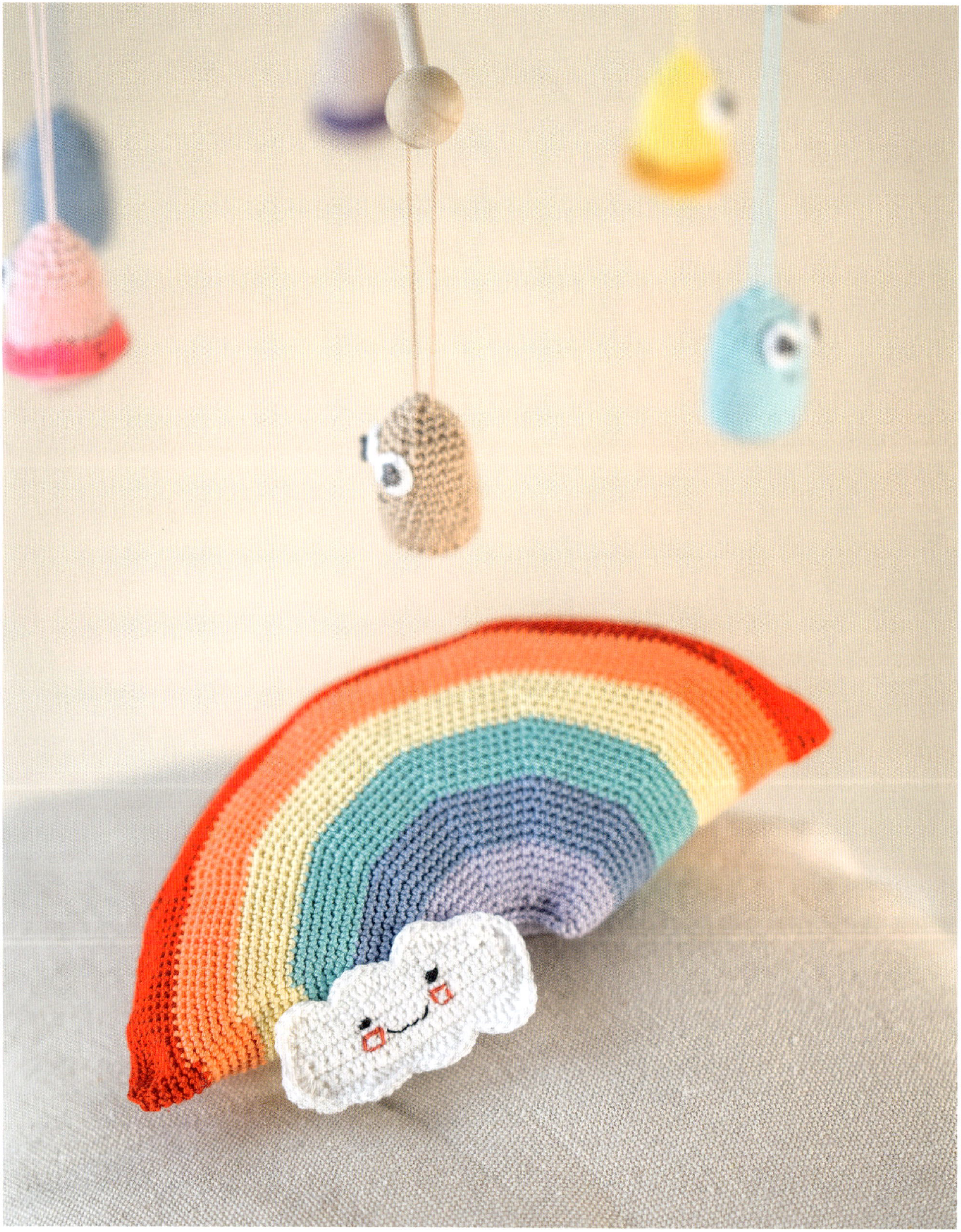

Weiter in Farbe Vanille häkeln:
19. Rd.: 120 fM
20. Rd.: jede 12. M verdoppeln = 130 M
21. Rd.: 130 fM
22. Rd.: jede 13. M verdoppeln = 140 M
23. Rd.: 140 fM
24. Rd.: jede 14. M verdoppeln = 150 M
Weiter in Farbe Koralle häkeln:
25. Rd.: 150 fM
26. Rd.: jede 15. M verdoppeln = 160 M
27. Rd.: 160 fM
28. Rd.: jede 16. M verdoppeln = 170 M
29. Rd.: 170 fM
30. Rd.: jede 17. M verdoppeln = 180 M
Weiter in Farbe Rot häkeln:
31. Rd.: 180 fM
32. Rd.: jede 18. M verdoppeln = 190 M
33. Rd.: 190 fM
34. Rd.: jede 19. M verdoppeln = 200 M
35. und 36. Rd.: 200 fM

Steg-Zwischenteil:

Arbeit wenden.
Es wird nun in Reihen gehäkelt.
1. R.: 5 Km, 90 fM häkeln. Hierbei nur in den vorderen Teil der Maschen einstechen.
2. R.: 5 Km, 80 fM, 5 Km. Hierbei nur in den hinteren Teil der Maschen einstechen.
3. R.: 10 Km, 70 fM, 5 Km. Hierbei nur in den vorderen Teil der Maschen einstechen.
4. R.: 10 Km, 60 fM, 5 Km. Hierbei nur in den hinteren Teil der Maschen einstechen.
5. R.: 10 Km, 50 fM, 5 Km. Hierbei nur in den vorderen Teil der Maschen einstechen.

Arbeit wenden, das Kissen Kante auf Kante zusammenlegen und mit fM zusammenhäkeln, dabei vor dem Schließen mit Füllwatte füllen. Faden abschneiden. Die kleine Lavendel-Öffnung mit fM zusammenhäkeln. Fäden vernähen.

Kleine Wolke: (2x)

In Weiß 19 Lm anschlagen.
1. R.: 18 fM
2. R.: 1 WendeLm und 18 fM häkeln. Hierbei die erste und letzte M verdoppeln = 20 M
3. R.: 1 WendeLm, fM häkeln, hierbei erste und vorletzte M überspringen = 18 M
4.+5. R.: 1 WendeLm, 18 fM

Beide Teile li. auf li. zusammenlegen und umhäkeln: *1 fM, 1 HStb, 1 Stb, 3 DStb in die gleiche Einstichstelle, 1 Stb, 1 HStb*, von *–* 7 x wdh. Mit 1 Km Reihe abschließen.

Faden abschneiden und vernähen, dabei die Wolke an den Regenbogen annähen. Gesicht aufsticken.

Beißring »Clown«

MATERIAL

Cotton Quick Minis von Gründl, je 20 g in Nude (149), Hellorange (146), Senf (124), Weiß (001), Babyblau (141), Lavendel (142), Himbeere (107), sowie eine kleine Menge in Gelb (131)
schwarzes Stickgarn
Füllwatte
Häkelnadel Nr. 2,5

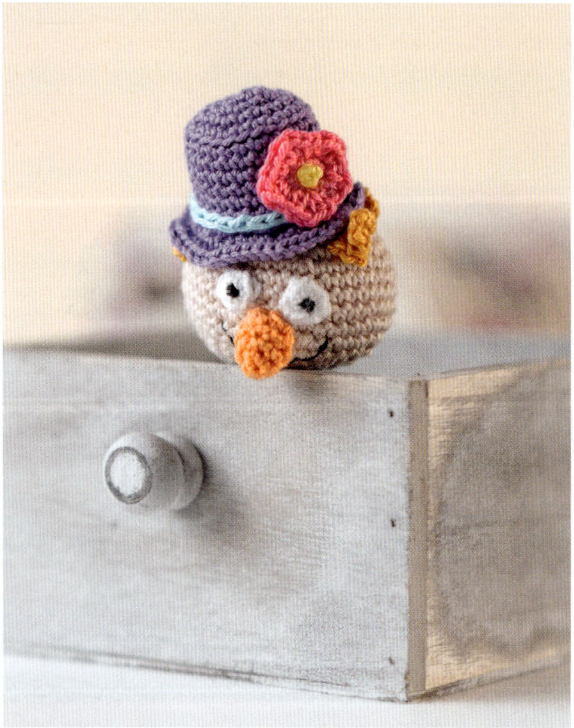

ANLEITUNG

Kopf:

(In Spiralen häkeln!) In Nude 4 Lm anschlagen und mit 1 Km zum Ring schließen.
1. Rd.: 1 Lm, 6 fM in den Lm-Ring häkeln.
2. Rd.: jede M verdoppeln = 12 M
3. Rd.: *fM, 2 fM in folgende M*, von *–* wdh. = 18 M
4. Rd.: *2 fM, 2 fM in folgende M*, von *–* wdh. = 24 M
5. Rd.: *3 fM, 2 fM in folgende M*, von *–* wdh. = 30 M
6. Rd.: *4 fM, 2 fM in folgende M*, von *–* wdh. = 36 M
7. Rd.: *5 fM, 2 fM in folgende M*, von *–* wdh. = 42 M
8.–12. Rd.: 42 fM
13. Rd.: *5 fM, 2 fM zusammen abhäkeln*, von *–* wdh. = 36 M
14. Rd.: *4 fM, 2 fM zusammen abhäkeln*, von *–* wdh. = 30 M
15. Rd.: *3 fM, 2 fM zusammen abhäkeln*, von *–* wdh. = 24 M
16. Rd.: *2 fM, 2 fM zusammen abhäkeln*, von *–* wdh. = 18 M
17. Rd.: *1 fM, 2 fM zusammen abhäkeln*, von *–* wdh. = 12 M
Kopf ausstopfen. Faden abschneiden.

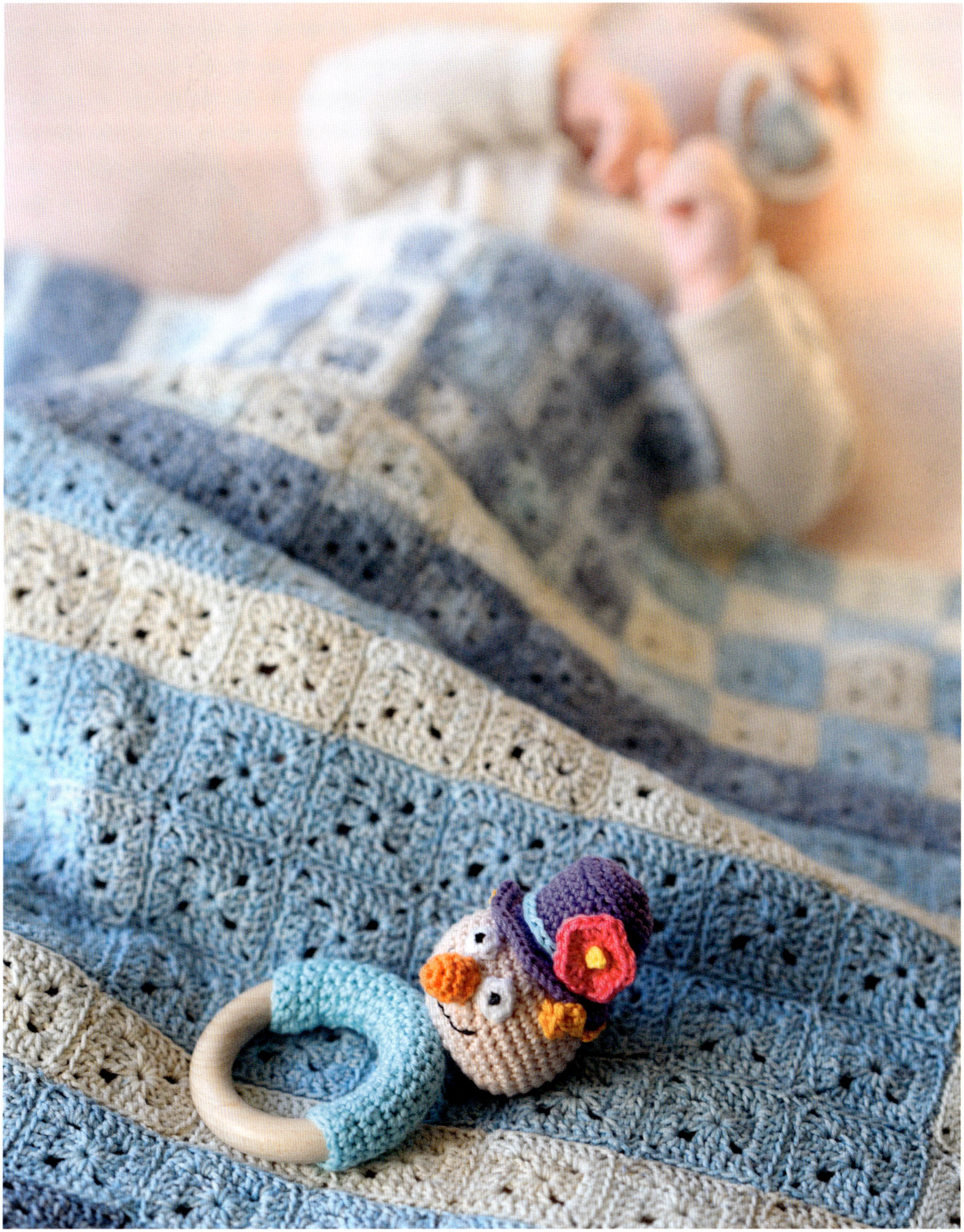

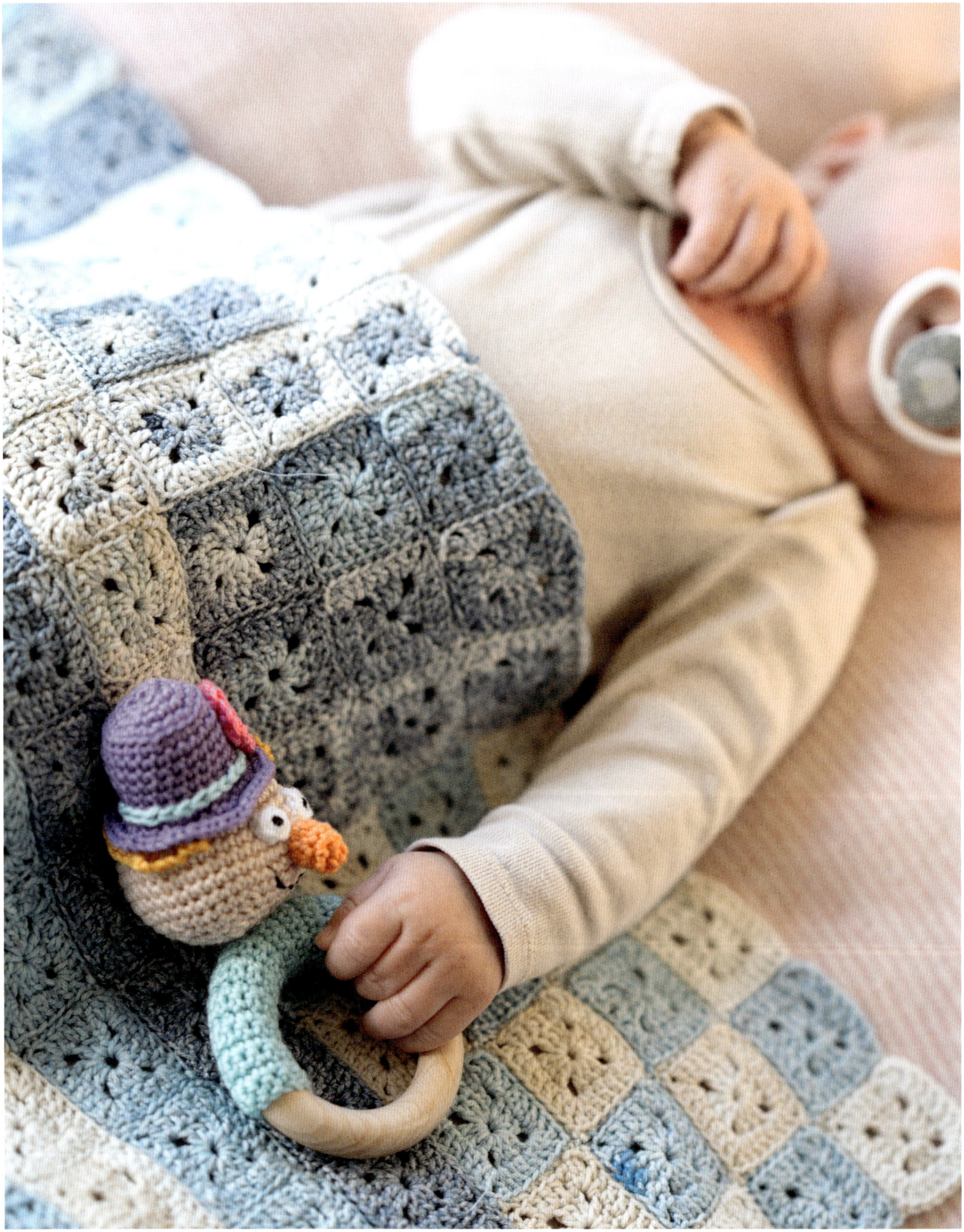

Nase:

In Hellorange 4 Lm anschlagen und mit 1 Km zum Ring schließen.
1. Rd.: 1 Lm, 5 fM in den Lm-Ring häkeln.
2. Rd.: jede M verdoppeln = 10 M
3. Rd.: 10 fM
4. Rd.: jeweils 2 fM zusammenhäkeln = 5 M
Faden abschneiden. Nase etwas ausstopfen.

Augen: (2x)

In Weiß 4 Lm mit 1 Km zum Ring schließen.
1 Lm, 6 fM in den Lm-Ring häkeln. Faden abschneiden.

Hut:

In Lavendel 4 Lm mit 1 Km zum Ring schließen.
1. Rd.: 1 Lm, 6 fM in den Lm-Ring häkeln.
2. Rd.: jede M verdoppeln = 12 M
3. Rd.: jede 2. M verdoppeln = 18 M
4. Rd.: jede 3. M verdoppeln = 24 M
5. Rd.: 24 fM, dabei ins hintere Maschenglied einstechen.
6.–11. Rd.: 24 M
12. Rd.: jede 3. M verdoppeln = 32 M
13. Rd.: jede 4. M verdoppeln = 40 M
14. Rd.: jede 5. M verdoppeln = 48 M
Faden abschneiden.
Das Hutband mit babyblauem Faden und Kettenstich aufsticken.

Blume:

In Himbeere 4 Lm mit 1 Km zum Ring schließen.
1. Rd.: 1 Lm, 10 fM in den Lm-Ring häkeln.
2. Rd.: *1 fM, 3 HStb *, von *–* wdh.
Faden abschneiden.
Die Blütenmitte mit Knötchenstich in Gelb aufsticken.
Blume auf den Hut nähen.
Augen, Nase und Hut am Kopf festnähen. Mit schwarzem Stickgarn Mund aufsticken. Die Augenmitte ebenfalls aufsticken und gut vernähen.

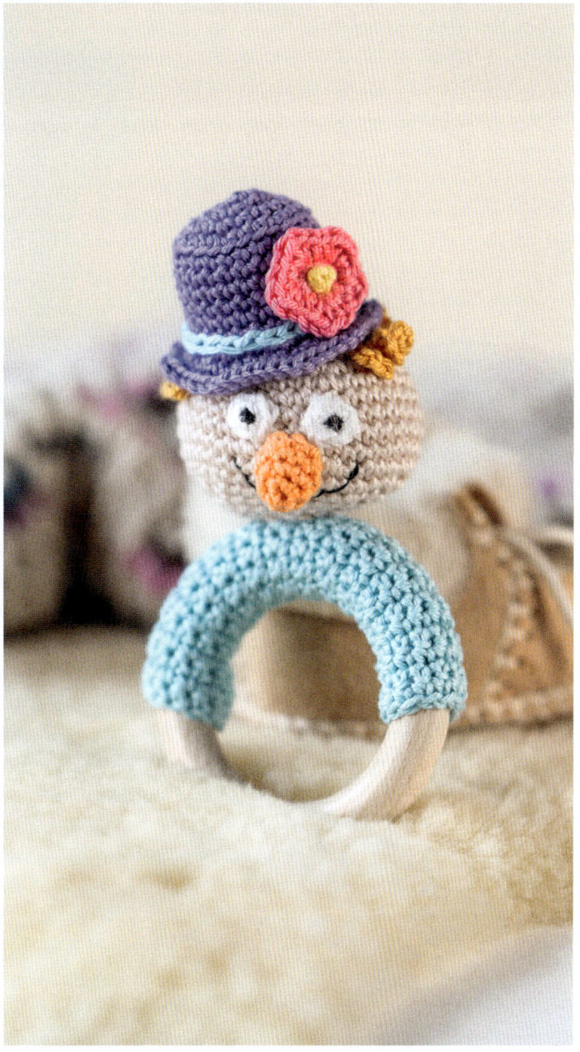

Haare:

In Senf 7 Lm anschlagen und am Kopf (knapp an der Hutkrempe) anhäkeln, rund um den Hut mehrere Lm-Bögen aus 5 bis 7 Lm anhäkeln. Faden abschneiden und vernähen.

Körper:

In Babyblau je nach Breite des Beißringes (hier: 12) Lm anschlagen und mit (hier: 11) fM über 28 R. häkeln. Um den Beißring legen, zusammennähen. Clown auf dem Körper mittig befestigen. Fertig!

Mobile »Pastellos«

MATERIAL

Baumwollgarn in Stärke 3–4, z. B. Cotton Quick Minis von Gründl in Rosa (94), Himbeere (107), Mausgrau (110), Beige (139), Babyblau (141), Lavendel (142), Hellorange (146), Himmelblau (148), Nude (149), Weiß (001)
Stickgarn
Füllwatte
Holzmobile (Stern mit 6 Spitzen) Durchmesser 35 cm, zum Hängen (z.B. von Buttinette)
Häkelnadel Nr. 3

Grundmuster:

fM, HStb

ANLEITUNG

Pastello Bub: (3 x)

1 x in Beige, 1 x in Himmelblau, 1 x in Babyblau
4 Lm mit 1 Km zum Ring schließen.
1. Rd.: 1 Lm, 8 fM in den Lm-Ring häkeln.
2. Rd.: 1 Lm, jede M verdoppeln = 16 HStb, mit 1 Km die Runde schließen.
3. Rd.: 1 Lm, jedes 2. HStb verdoppeln und mit 1 Km schließen = 24 M
4.–14. Rd.: diese Runden in Spiralen häkeln, also ohne Lm und Km am Ende der Runde. Rundenanfang markieren und über die 24 M mit fM weiterhäkeln, dabei in der 4. Rd. nur in das hintere Maschenglied einstechen und den Faden durchziehen.
15.–16. Rd.: jede 5. und 6. M zusammenhäkeln und auf 20 M bzw. 16 M abnehmen.
Körper mit Füllwatte füllen.
17.–18. Rd.: jeweils jede 3. und 4. M zusammenhäkeln, bis nur mehr eine kleine Öffnung von 4 oder 5 M übrigbleibt. Mit dem Faden auffädeln und zusammenziehen.

Pastello Mädchen: (3 x)

1x in Rosa und Himbeere, 1 x in Gelb und Hellorange, 1 x in Nude und Lavendel
Bis zur 7. R. arbeiten wie oben.
Dann die Arbeit wenden.
Mit Kontrastfarbe das Röckchen mit 24 fM in die hintere Maschenschlaufe häkeln.
In der 2. R. jede 2. M verdoppeln = 36 M
Die 3. R. für den Rock wieder über 36 M arbeiten.
Faden abschneiden.
Beim Körper wieder die 8.–18. R wie beim Pastello Bub hochhäkeln.

Augen:

In Weiß (001) 4 Lm mit 1 Km zum Ring schließen.
8 fM in den Lm-Ring häkeln. Mit 1 Km Runde schließen. Faden abschneiden.
Für die Augenmitte in Mausgrau 4 Lm anschlagen, mit 1 Km zum Ring schließen. Faden abschneiden und Teil auf die Augen nähen.
Zum Schluss die Augen auf dem Körper gut festnähen. Mit schwarzem Stickgarn Mund aufsticken.
Die „Pastellos" auf das Mobile fixieren.

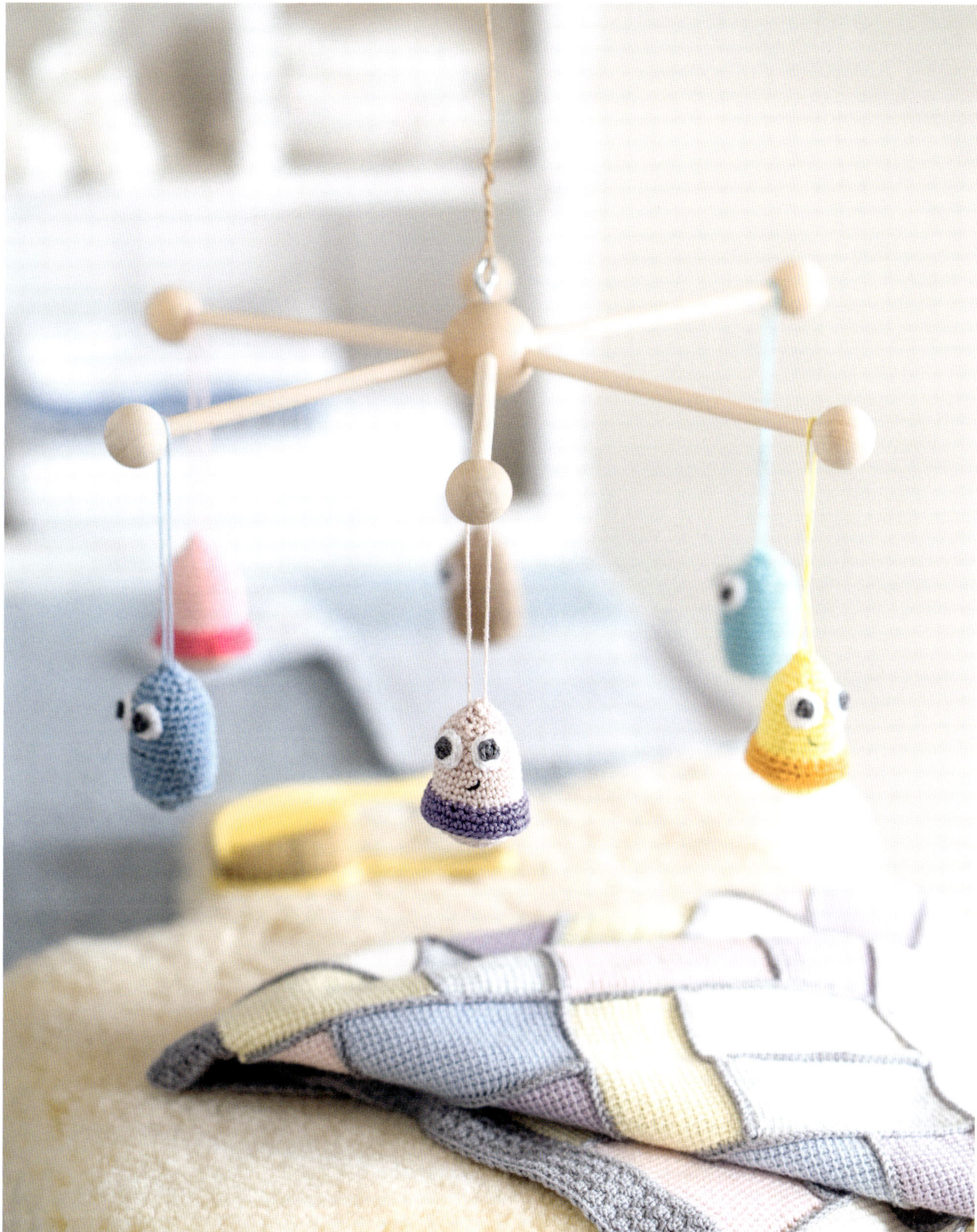

Elefantenparade

MATERIAL

Basic Cotton von Pro Lana, 100 g in Hellgrau (91) und 50 g in Schwarz (99)
bunte Baumwollreste
Kordel, z. B. Nova Vita 4 recycled Cotton von DMC
Füllwatte
Häkelnadel Nr. 2,5

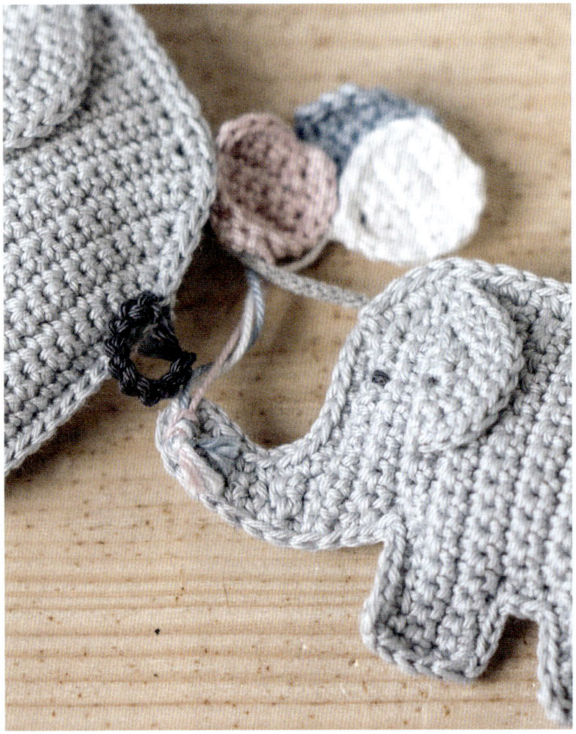

ANLEITUNG

Körper: (je Elefant 2 x)

In Hellgrau 15 Lm anschlagen.
1. R.: 2 fM in die 2. Lm von der Nadel aus, 13 fM
2. R.: 1 WendeLm, 14 fM, 2 fM in die letzte M
3. R.: 1 WendeLm, 2 fM in die erste M, 15 fM
4. R.: 1 WendeLm, 16 fM, 2 fM in die letzte M
5. R.: 1 WendeLm, 2 fM in die erste M, 17 fM
6. R.: 1 WendeLm, 18 fM, 2 fM in die letzte M
7.–10. R.: 16 fM
11. R.: 1 WendeLm, 16 fM
12. R.: 1 WendeLm, 4 Lm, 1 fM in die 2. Lm von der Nadel aus, 19 fM
13.–16. R.: 1 WendeLm, 20 fM
17. und 18. R.: 1 WendeLm, 14 fM
19. R.: 1 WendeLm, 14 fM
20. R.: 1 WendeLm, 6 Lm, 1 fM in die 2. Lm von der Nadel aus, 17 fM, 2 fM zusammen häkeln.
21. R.: 1 WendeLm, 2 fM zusammen häkeln, 17 fM
22. R.: 1 WendeLm, 16 fM, 2 fM zusammen häkeln.

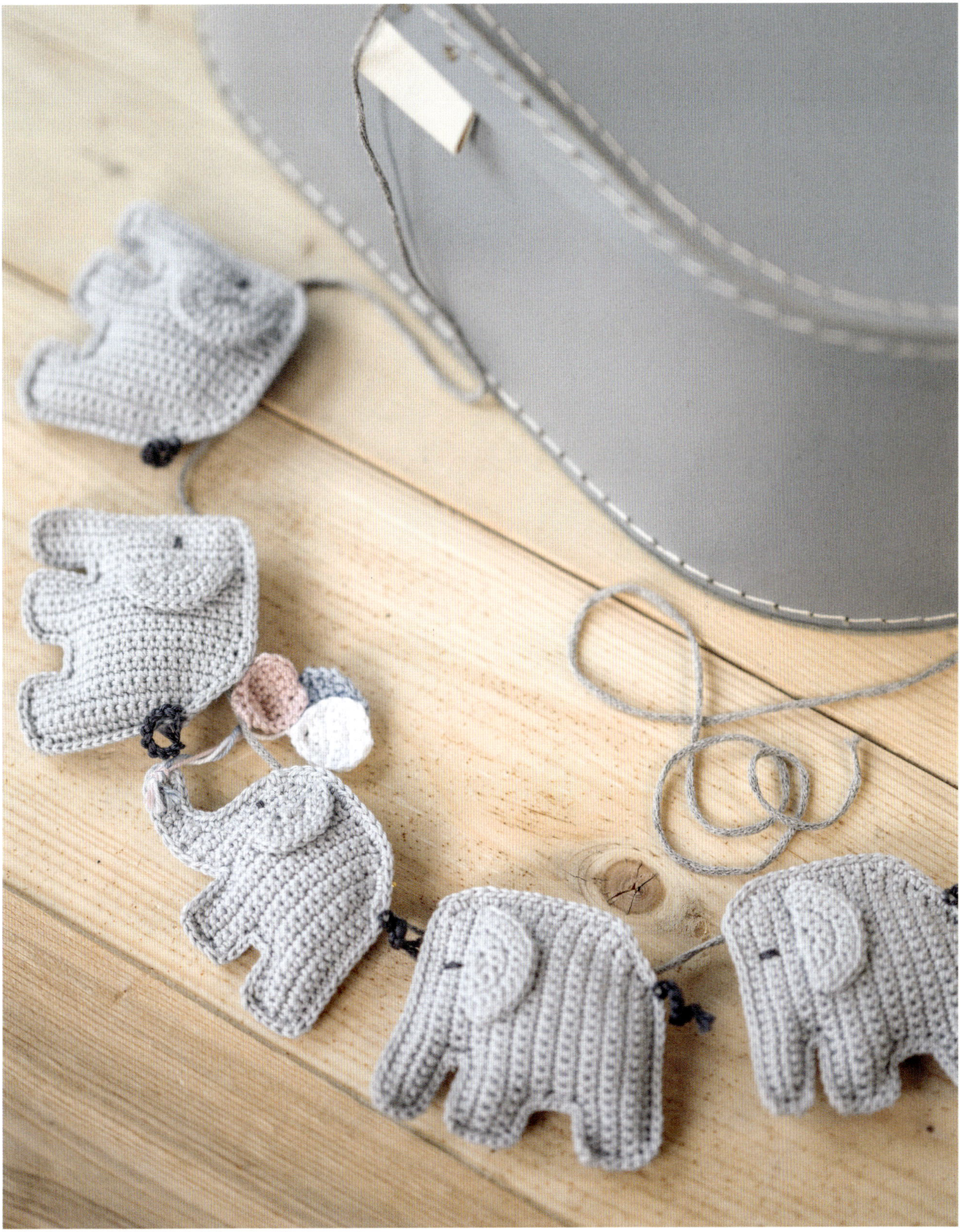

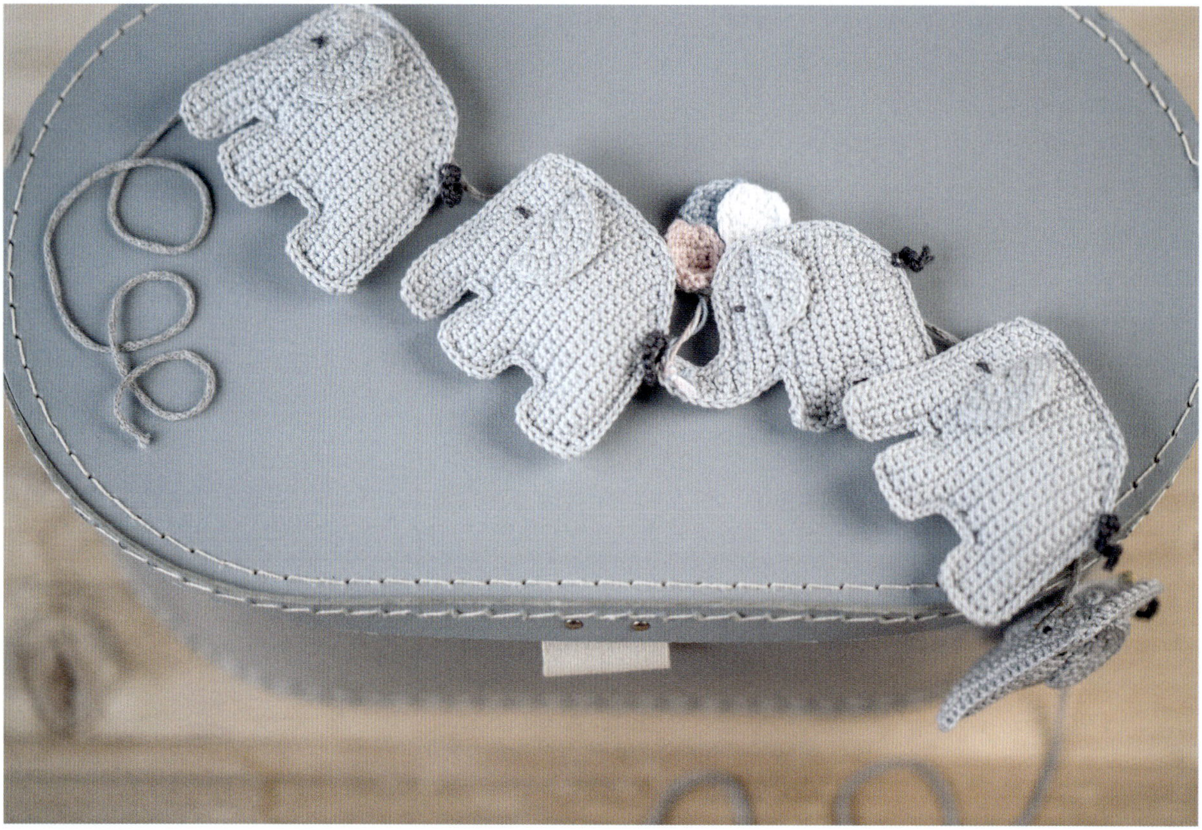

Elefantenohren, groß: (je Elefant 2x)

In Hellgrau 2 Lm anschlagen.

1. R.: 3 fM in die 2. Lm von der Nadel aus, 1 Lm
2. R.: jede M verdoppeln, 1 Lm
3. R.: jede zweite M verdoppeln, 1 Lm
4. R.: jede dritte M verdoppeln, 1 Lm
5. R.: jede vierte M verdoppeln, mit 1 Km die Arbeit beenden.

Die fertigen Körperteile des Elefanten mit fM zusammenhäkeln. Am Rücken eine kleine Öffnung frei lassen, etwas Füllwatte hineinfüllen und schließen.
Die Ohren annähen und die Augen mit Schwarz aufsticken.
In Schwarz eine Lm-Kette als Schwanz anhäkeln.

Kleiner Elefant:

In Hellgrau 13 Lm anschlagen.

1. R.: ab der 2. Lm 13 fM häkeln, dabei die letzte Masche verdoppeln.
2. R.: 1 WendeLm, 2 fM in die 1. M, 12 fM
3. R.: 1 WendeLm, 13 fM, 2 fM in die letzte M
4. R.: 1 WendeLm, 2 fM in die erste M, 14 fM
5. R.: keine WendeLm, 4 Km, 1 Lm, 10 fM, 2 fM in die letzte M
6. R.: 1 WendeLm, 13 fM
7. R.: 1 WendeLm, 13 fM
8. R.: 1 WendeLm, 5 Lm, in die 2. Lm eine fM häkeln, 16 fM

9.–11. R.: 1 WendeLm, 17 fM
12. R.: keine WendeLm, 6 Km, 1 Lm, 11 fM
13. R.: 1 WendeLm, 11 fM
14. R.: 1 WendeLm, 1 Lm und in die 2.Lm 1 fM, 9 fM, 2 fM zusammenhäkeln
15. R.: 1 WendeLm, 2 fM zusammenhäkeln, 9 fM
16. R.: 1 WendeLm, 1 Lm, 1 fM in die 2. Lm, 8 fM, 2 fM zusammenhäkeln
17. R.: keine WendeLm, 7 Km ab der 2. M, 1 Lm, 2 fM
18. R.: 1 WendeLm, 2 fM
19. R.: 1 WendeLm, 5 Lm, Arbeit wenden.
20. R.: 1 WendeLm, 5 fM, mit 1 Km den Rüssel schließen (an die 18. R. anhäkeln). Faden abschneiden.

Elefantenohren, klein: (je Elefant 2x)
wie die großen Ohren arbeiten, nur ohne die 5. R.

Luftballon: (3x)
In bunten Baumwollresten (Weiß, Rosa, Hellblau)
3 Lm anschlagen. Anschlagfaden etwas länger lassen.
1. R.: 2 fM
2. R.: jede fM verdoppeln = 4 M
3. R.: jede 2. fM verdoppeln = 6 M
4. und 5. R.: 6 fM
6. R.: 1 Lm, 1 M überspringen, 3 fM, 1 M überspringen, 1 fM = 4 M
7. R.: 1 Lm, 1 M überspringen, 1 fM, 1 M überspringen.
Den Luftballon mit fM umhäkeln.
3 Luftballons lose zusammennähen und auf kleinen Elefanten fixieren.
Kordel mit Elefanten bestücken und als Girlande verwenden oder am Gitterbett anbringen.

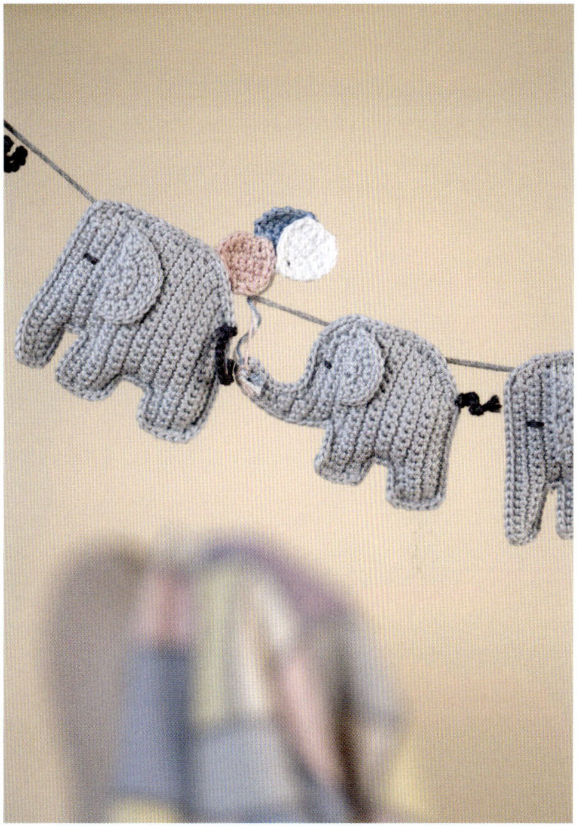

Kinderwagenkette

MATERIAL

Häkelgarn 100 von Gründl in Weiß (101),
Pistazie (123) und Sand (103)
Stickgarn in Schwarz
Füllwatte
2 Holzkugeln
2 Clips
Häkelnadel Nr. 1,5

Grundmuster:

fM, in Runden häkeln, ohne Lm am Anfang, ohne Km am Ende der Runde. Anfang der Runde markieren!

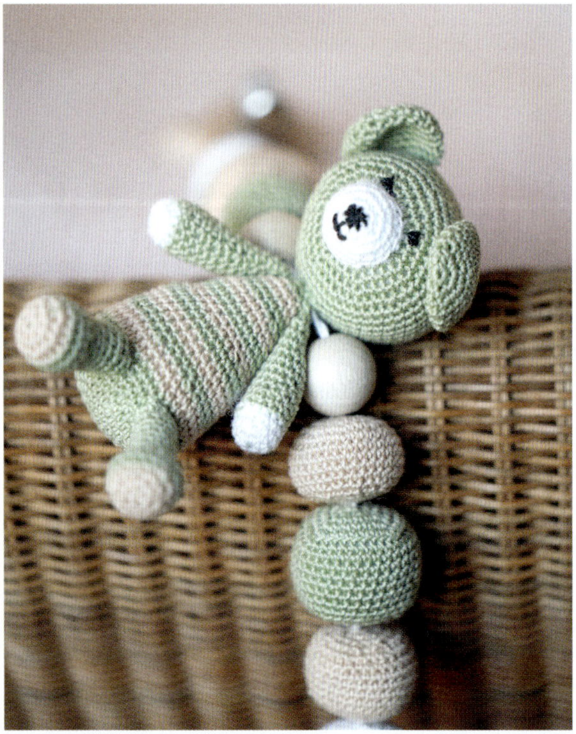

ANLEITUNG

Häkelkugel: (6 x)

2 x in Weiß, 2 x in Pistazie, 2 x in Sand
4 Lm mit 1 Km zum Ring schließen.
1. Rd.: 8 fM in den Lm-Ring häkeln.
2. Rd.: jede M verdoppeln = 16 M
3. Rd.: jede 2. M verdoppeln = 24 M
4. Rd.: jede 3. M verdoppeln = 32 M
5–10. Rd.: fM (Reihanfang markieren, das erleichtert das Zählen)
11. Rd.: *3 fM, 1 M überspringen*, von *–* wdh. = 24 M
12. Rd.: *2 fM, 1 M überspringen*, von *–* wdh. = 16 M
Kugel mit Füllwatte füllen.
13. Rd.: 1 fM, 1 M überspringen = 8 M
Faden abschneiden und gut vernähen, dabei die kleine verbliebene Öffnung fest verschließen.

TIPP: Diese Kugel kann durch weitere Zunahmen und mehr Zwischenreihen beliebig vergrößert werden, oder man verwendet ein stärkeres Häkelgarn.

Würfel: (2 x)

1 x in Sand, 1 x in Pistazie
4 Lm mit 1 Km zum Ring schließen.
1. Rd.: 4 fM in den Lm-Ring häkeln.
2. Rd.: jede fM verdreifachen (aus jeder M der Vorr. 3 fM häkeln) = 12 M
3. Rd.: 1 fM, *1 fM verdreifachen, 2 fM (d.h. in jede „Ecke" 3 fM häkeln, dazwischen jeweils 2 fM häkeln)*, von *–* 2 x wdh., 1 fM verdreifachen, 1 fM = 20 M
4. Rd.: 2 fM, *1 fM verdreifachen, 4 fM (d.h. in jede mittlere M der „Ecke" 3 fM häkeln, dazwischen jeweils 4 fM)*, von *–* 2 x wdh., 1 fM verdreifachen, 2 fM = 28 M

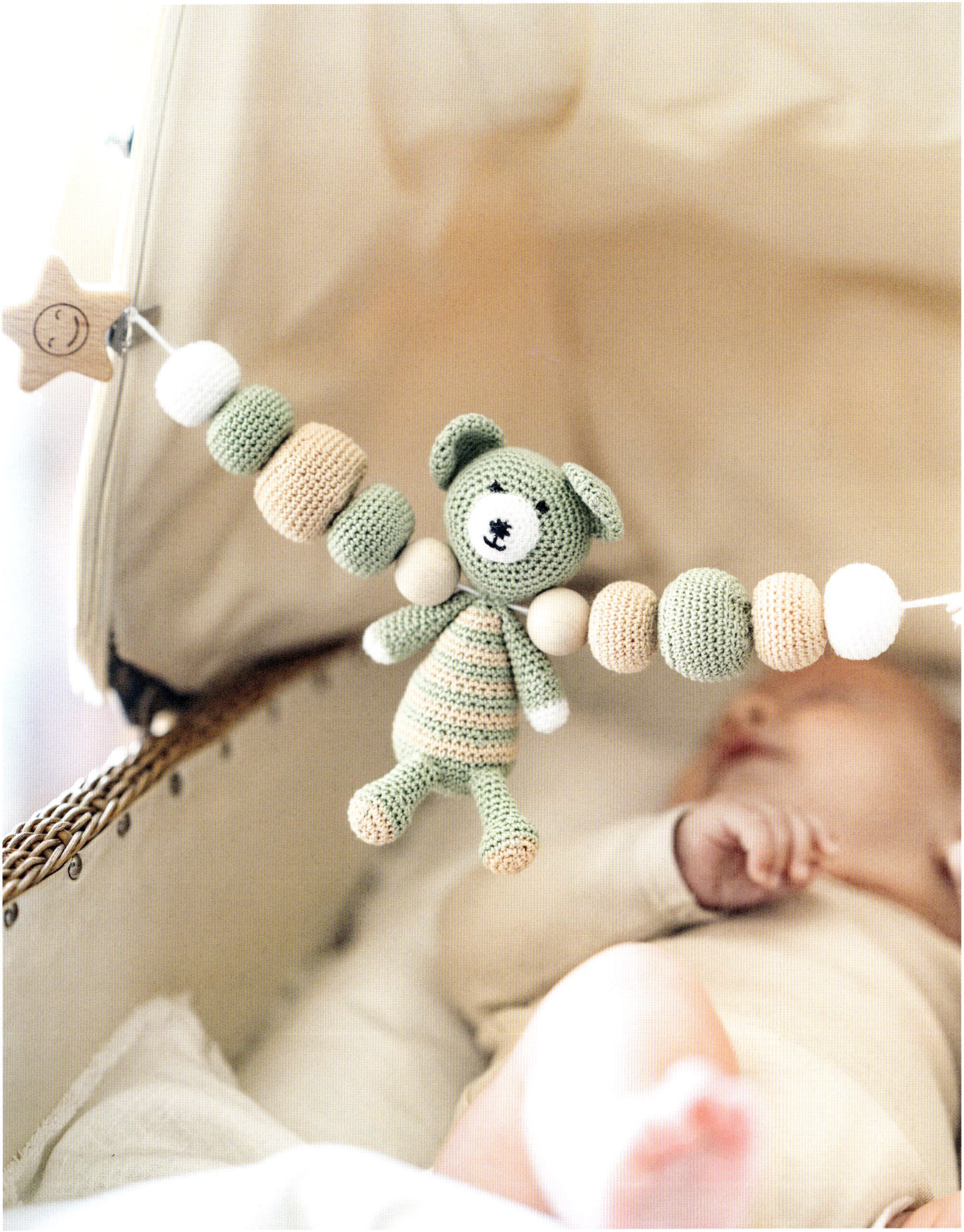

5. Rd.: 3 fM, *1 fM verdreifachen, 6 fM (d.h. in jede mittlere M der „Ecke" 3 fM häkeln, dazwischen jeweils 6 fM)*, von *–* 2 x wdh., 1 fM verdreifachen, 3 fM = 36 M
6. Rd.: 36 fM häkeln, dabei nur in das hintere Maschenglied häkeln.
7.–14. Rd.: 36 fM
Ab hier erfolgt die Abnahme, in dieser Reihe nur in das hintere Maschenglied arbeiten. Hierbei in den „Ecken" jeweils 3 fM zusammenhäkeln! Darauf achten, dass die Ecken des oberen Quadrates mit dem unteren Quadrat übereinstimmen, da sich sonst der Würfel verdreht:
15. Rd.: 3 fM *3 fM zusammenhäkeln, 6 fM*, von *–* 2 x wdh., 3 fM zusammenhäkeln, 3 fM = 28 M
16. Rd.: 2 fM *3 fM zusammenhäkeln, 4 fM*, von *–* 2 x wdh., 3 fM zusammenhäkeln, 2 fM = 20 M
17. Rd.: 1fM *3 fM zusammenhäkeln, 2 fM*, von *–* 2 x wdh., 3 fM zusammenhäkeln, 1 fM = 12 M
18. Rd.: 4 x 3 fM zusammenhäkeln, die verbliebenen 4 fM mit dem Faden an den oberen Maschengliedern auffädeln, zusammenziehen und vernähen.

TIPP: Die Größe und Höhe des Würfels kann durch mehr Zwischenreihen geändert werden. So wird aus dem Würfel ein Quader!
Je nach gewünschter Länge der Kinderwagenkette mehrere Kugeln, Holzkugeln und Würfel anfertigen.

Teddybär:

In Runden arbeiten, ohne Lm am Anfang und ohne Km am Ende der Runde.
TIPP: Anfang markieren!

Körper:

In Pistazie 4 Lm mit 1 Km zum Ring schließen.
1. Rd.: In den Lm-Ring 7 fM häkeln.
2. Rd.: jede M verdoppeln = 14 M
3. Rd.: jede 2. M verdoppeln = 21 M
4. Rd.: jede 3. M verdoppeln = 28 M
5. Rd.: jede 4. M verdoppeln = 35 M
6. Rd.: jede 5. M verdoppeln = 42 M

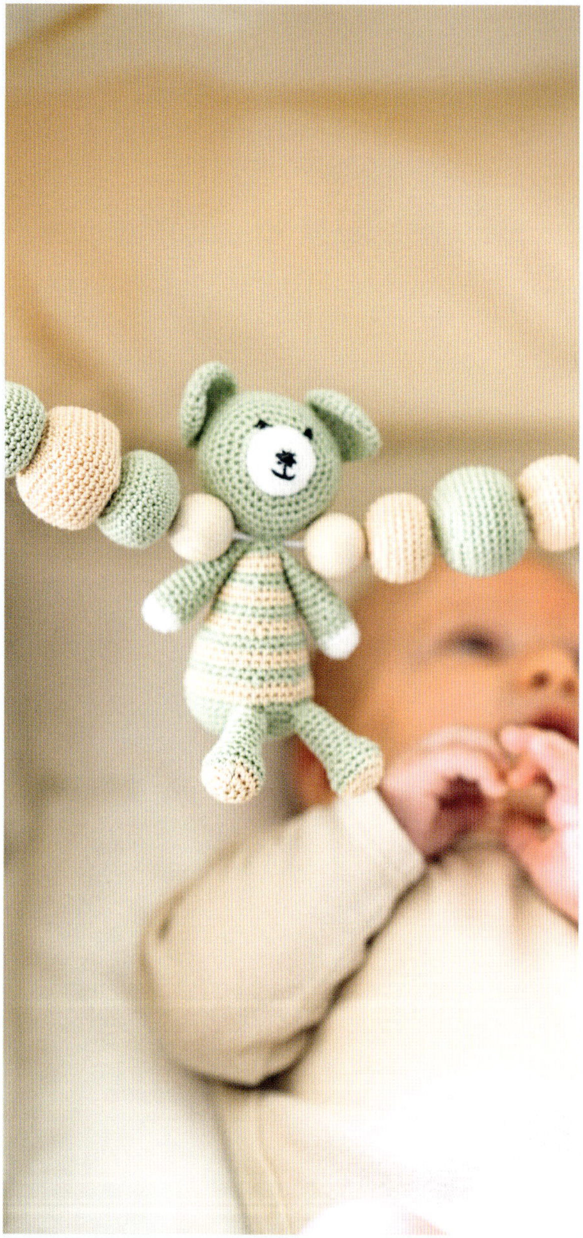

7.–9. Rd.: 42 fM. Ab hier in Streifen (in Pistazie und Sand) arbeiten und nach jeweils 2 Reihen die Farbe wechseln.
10. und 11. Rd.: in Sand 42 fM häkeln.
12. Rd.: in Pistazie jede 4. und 5. M zusammenhäkeln = 34 M
13. Rd.: 34 fM

14. und 15. Rd.: in Sand 34 fM häkeln.
16. und 17. Rd.: in Pistazie 34 fM häkeln.
18. Rd.: in Sand jede 3. und 4. M zusammenhäkeln = 26 M
19. Rd.: 26 fM
20. und 21. Rd.: in Pistazie 26 fM häkeln.
22. und 23. Rd.: in Sand 26 fM häkeln.
24. Rd.: in Pistazie jede 3. und 4. M zusammenhäkeln = 20 M
25. Rd.: 20 fM
26. und 27. Rd.: in Sand 20 fM häkeln
28. Rd.: in Pistazie jede 3. und 4. M zusammenhäkeln = 15 M.
29. Rd.: 15 fM
Faden abschneiden und Körper ausstopfen.

Ohren: (2x)

In Pistazie 4 Lm mit 1 Km zum Ring schließen.
1. Rd.: in den Lm-Ring 7 fM häkeln
2. Rd.: jede M verdoppeln = 14 M
3. Rd.: jede 2. M verdoppeln = 21 M
4.–8. Rd.: 21 M
Die entstandene Halbkugel zusammenlegen und die offenen Kanten mit fM zusammenhäkeln.

Arme: (2x)

In Weiß 4 Lm mit 1 Km zum Ring schließen.
1. Rd.: In den Lm-Ring 7 fM häkeln.
2. Rd.: jede M verdoppeln = 14 M
3. Rd.: 14 fM
4. Rd.: in Pistazie 14 fM häkeln.
5.–15. Rd.: fM weiterhäkeln, dabei in jeder 2. Runde die 1. M überspringen, am Ende bleiben noch 9 M übrig.
Arme mit Füllwatte füllen, die Öffnung zusammenklappen und mit fM schließen.

Beine: (2x)

In Sand 4 Lm mit 1 Km zum Ring schließen.
1. Rd.: in den Lm-Ring 7 fM häkeln
2. Rd.: jede M verdoppeln = 14 M
3. Rd.: jede 2. M verdoppeln = 21 M
4. und 5. Rd.: in Pistazie 21 fM häkeln
6. Rd.: jeweils 2 Maschen zusammenhäkeln = 11 M
7.–15. Rd.: 11 fM
Faden abschneiden. Beine mit Füllwatte füllen, nicht zusammenhäkeln.

Kopf:

In Pistazie 4 Lm mit 1 Km zum Ring schließen.
1. Rd.: In den Lm-Ring 7 fM häkeln.
2. Rd.: jede M verdoppeln = 14 M
3. Rd.: jede 2. M verdoppeln = 21 M
4. Rd.: jede 3. M verdoppeln = 28 M
5 Rd.: jede 4. M verdoppeln = 35 M
6. Rd.: jede 5. M verdoppeln = 42 M
7. Rd.: jede 6. M verdoppeln = 49 M
8.–16. Rd.: 49 fM
17. Rd.: jede 6. und 7. M zusammenhäkeln = 42 M
18. Rd.: jede 5. und 6. M zusammenhäkeln = 35 M
19. Rd.: jede 4. und 5. M zusammenhäkeln = 28 M
20. Rd.: jede 3. und 4. M zusammenhäkeln = 21 M
21. Rd.: jede 2. und 3. M zusammenhäkeln = 14 M
Kopf mit Füllwatte füllen.
22. und 23. Rd.: jede 1. und 2. M zusammenhäkeln = 4 M. Faden abschneiden.

Schnauze:

In Weiß 4 Lm mit 1 Km zum Ring schließen.
1. Rd.: in den Lm-Ring 7 fM häkeln
2. Rd.: jede M verdoppeln = 14 M
3. Rd.: jede 2. M verdoppeln = 21 M
4. und 5. Rd.: 21 fM
Faden abschneiden.
Schnauze am Kopf aufnähen und dabei etwas ausstopfen.
Die Ohren an den Kopf nähen. Den Kopf an den Körper nähen, zuletzt Arme und Beine annähen.
Mit schwarzem Stickgarn die Augen, Nase und Mund aufsticken.
Teile wie auf der Abbildung mit Baumwollfaden auffädeln und die 2 Clips befestigen.

Häkelminis »Baby Zone«

MATERIAL

kleine Menge Baumwoll- oder Häkelgarn in Pastellfarben, z. B. Linea Pura von Lana Grossa
oder Baby Cotton von Lang Yarns
Beißring mit 7 cm Durchmesser
2 Sicherheitsnadeln
kleine Knöpfe
1 Bänderrollenhalter (z.B. von Buttinette)
Häkelnadel Nr. 2,5 oder 3

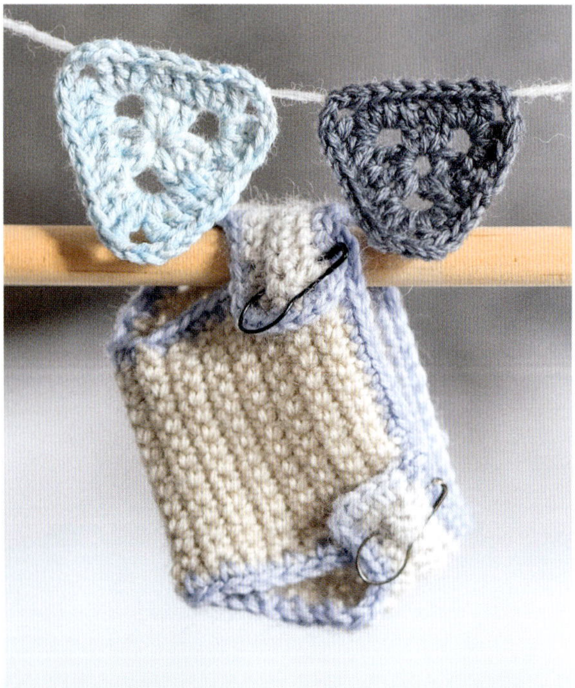

ANLEITUNG

Wimpel: (7 x)

jeden Wimpel in einer anderen Pastellfarbe häkeln
4 Lm mit 1 Km zum Ring schließen.
1. Rd.: In die Lm-Kette 3 Lm (als Ersatz fürs 1. Stb), 1 Stb, 3 Lm, 3 Stb, 3 Lm, 3 Stb, 3 Lm, 1 Stb häkeln, mit 1 Km schließen.
2. Rd.: mit 1 Km in den ersten Lm-Bogen häkeln. 3 Lm, in den Lm-Bogen der Vorr., 1 Stb, 1 DStb, 3 Lm, 1 DStb, 2 Stb, dann in den Stäbchen-Zwischenräumen der Vorr. *2 Stb in den Lm-Bogen, 2 Stb, 1 DStb, 3 Lm, 1 DStb, 2 Stb* von *–* wdh. Mit 1 Km die Rd schließen. Es entsteht ein Dreieck. Wimpel auf ein dünnes Band fädeln und am Bänderrollenhalter befestigen.

Strampelhose:

35 Lm anschlagen.
1.– 4. R.: 34 fM (2.–4. R. mit WendeLm am Anfang) Faden abschneiden.
5. R.: über die mittleren M arbeiten, d.h. die ersten 5 M liegen lassen, den Faden in die 6. M mit 1 WendeLm ziehen, 24 fM häkeln, die restlichen 5 M liegen lassen.
6.–8. R.: 1 WendeLm, 24 fM
Dann wie folgt abnehmen:
9. R.: 1 WendeLm, 22 fM, dabei die erste und vorletzte M überspringen = 22 M
10. R.: 1 WendeLm, 20 fM, dabei die erste und vorletzte M überspringen = 20 M
11. R.: 1 WendeLm, 18 fM, dabei die erste und vorletzte M überspringen = 18 M
12.-13. R.: 1 WendeLm, 18 fM
14. R.: 1 WendeLm, 18 fM, dabei die erste und vorletzte M überspringen = 16 M
15. R.: 1 WendeLm, 16 fM

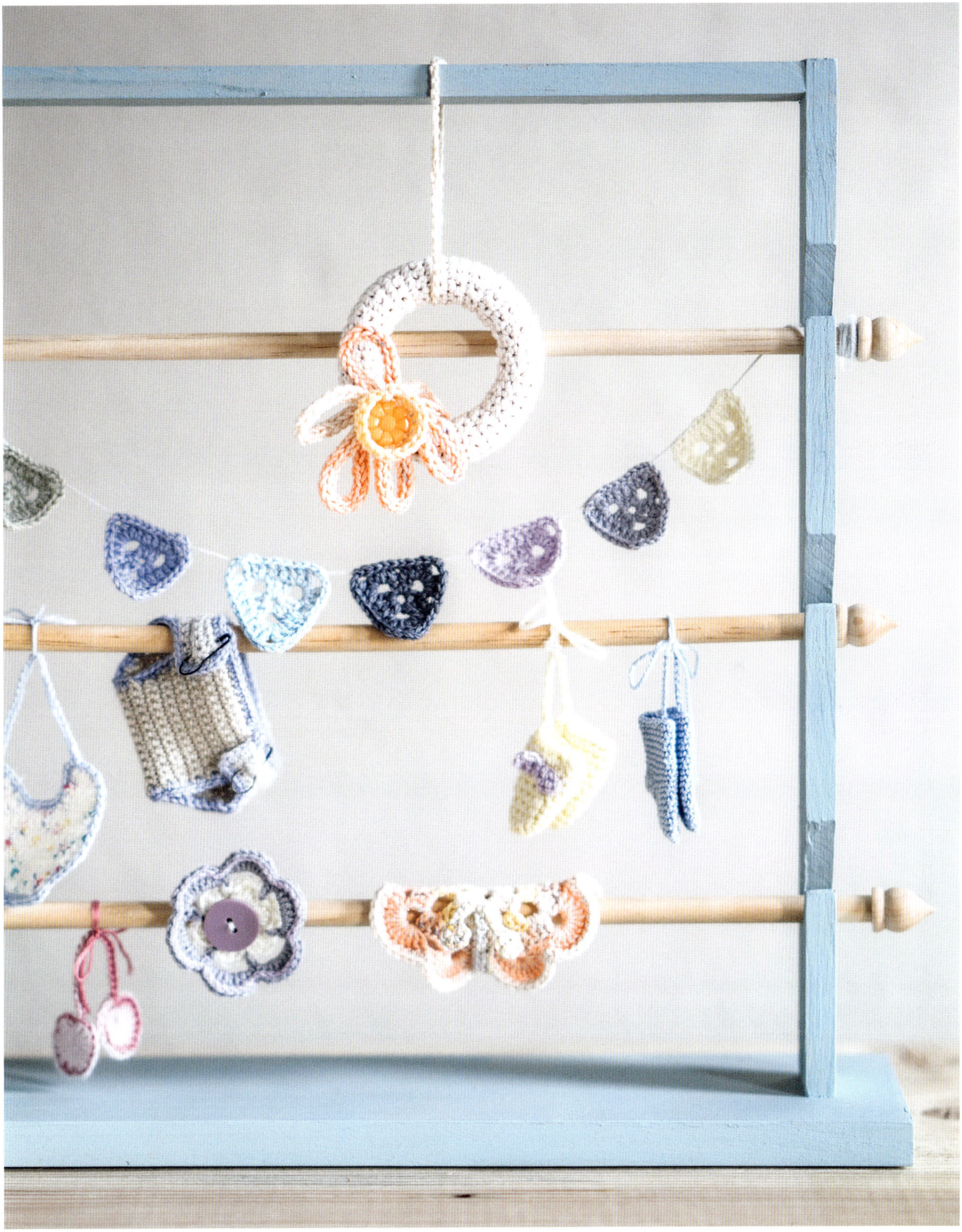

16. R.: 1 WendeLm, 16 fM, dabei die erste und vorletzte M überspringen = 14 M
17. R.: 1 WendeLm, 14 fM
18. R.: 1 WendeLm, 14 fM, dabei die erste und vorletzte M überspringen = 12 M
19. und 20. R.: 1 WendeLm, 12 fM
Jetzt wieder zunehmen:
21. R: 1 WendeLm, 12 M, dabei die erste und letzte fM doppelt häkeln = 14 M
22.– 25. R.: 1 WendeLm, 14 fM
26. R.: 1 WendeLm, 14 fM, dabei die erste und letzte fM doppelt häkeln = 16 M
27. – 28. R.: 1 WendeLm, 16 fM
29. R.: 1 WendeLm, 16 fM, dabei die erste und letzte fM doppelt häkeln = 18 M
30. – 32. R.: 1 WendeLm, 18 fM
Faden abschneiden und vernähen. Gesamte Strampelhose in Kontrastfarbe mit fM umhäkeln. Langen Steg nach vorne nehmen und mit Knöpfen oder Sicherheitsnadel befestigen.
Auf einen Stab am Bänderrollenhalter auffädeln.

Lätzchen:

7 Lm anschlagen.
1. R.: 6 fM häkeln.
2. R: 1 WendeLm, 6 fM, dabei jeweils die 1. und letzte M doppelt häkeln = 8 M
3. R: 1 WendeLm, 8 fM, dabei jeweils die 1. und letzte M doppelt häkeln = 10 M
4. R: 1 WendeLm, 10 fM, dabei jeweils die 1. und letzte M doppelt häkeln = 12 M
5. R: 1 WendeLm, 10 fM, dabei jeweils die 1. und letzte M doppelt häkeln = 14 M
6.–10. R: 1 WendeLm, 14 M
11. R: für den 1. Steg die Arbeit wenden. 1 WendeLm, 5 fM häkeln, wenden.
12. R: 1 WendeLm, 5 fM häkeln, wenden.
13. R: 1 WendeLm, 3 fM häkeln.
14. R: 1 WendeLm, 3 fM häkeln, eine weitere Reihe über alle Maschen arbeiten,
15. R: 1 WendeLm, 2 fM häkeln.
Faden abschneiden.
Für den 2. Steg die mittleren 4 M liegen lassen und über die restlichen 5 M wie beim 1. Steg häkeln, aber seitenverkehrt.
In Kontrastfarbe das Lätzchen mit fM umhäkeln und dabei am Anfang eine ca. 5 cm Lm-Kette häkeln.
Faden abschneiden und am 2. Steg festnähen. Mit einem Faden am Bänderrollenhalter befestigen.

Herz:

4 Lm anschlagen und mit 1 Km zum Ring schließen.
1. R: in den Ring 1 Lm, 8 Stb, 1 Lm, 1 DStb, 1 Lm, 8 Stb häkeln, Runde mit 1 Km schließen.
Nun mit 35 Lm ein Zwischenband häkeln.
1 Km in die 5. Lm ab der Häkelnadel arbeiten, so entsteht ein 2. Luftmaschenring, in diesen das 2. Herz häkeln, Faden abschneiden.
Mit einer Kontrastfarbe in die letzten Maschenglieder mit Km die beiden Herzen samt Zwischenband (= 35 Lm) umhäkeln. Mit einem Faden am Bänderrollenhalter befestigen.

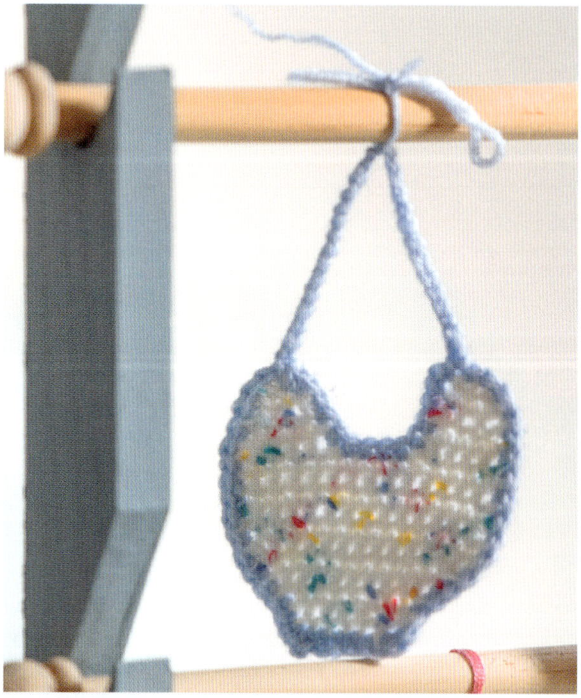

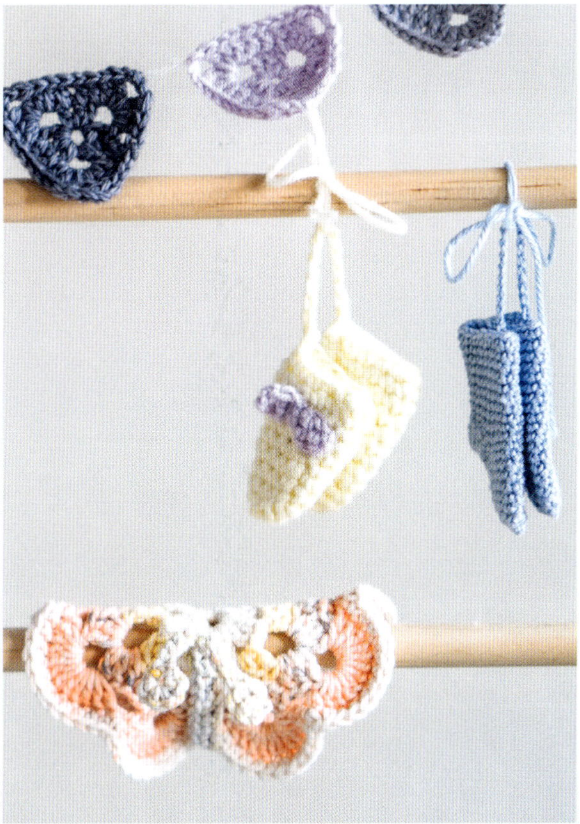

Handschuhe:

13 Lm anschlagen und mit 1 Km zum Ring schließen.
1. Rd.: 12 fM in den Lm-Ring häkeln.
2.–8. Rd.: 12 fM
9. Rd.: 2 x 2 M abnehmen, hierzu am Anfang und in der Mitte der Rd. jeweils 1 M überspringen = 10 M
10. Rd.: 2 x 1 M abnehmen, hierzu am Anfang und in der Mitte der Rd. jeweils 1 M überspringen = 8 M
11. R.: 2 x 1 M abnehmen, hierzu am Anfang und in der Mitte der Rd. jeweils 1 M überspringen = 6 M
Die verbleibenden M mit dem Faden und einer Nadel zusammenziehen und vernähen.

Kleine Schleife:

mit Kontrastfarbe 7 Lm anschlagen, fM, 1 WendeLm, darüber 6 fM häkeln, Faden abschneiden und durch die mittlere Masche ziehen, etwas enger ziehen und auf dem Handschuh fixieren.

Söckchen:

4 Lm anschlagen und mit 1 Km zum Ring schließen.
6 fM in den Lm-Ring häkeln.
2. Rd.: M verdoppeln = 12 M
3. Rd.: jede 3. M verdoppeln = 16 M
4.–8. Rd.: 16 fM
Dann die Ferse arbeiten:
9. Rd.: in jeweils 1 M der Vorr. 2 fM, 1 HStb, 1 Stb, 1 HStb, 2 fM häkeln. Restliche (9) M liegen lassen. Arbeit wenden.
10. R.: 1 M überspringen, 1 HStb, 4 HStb, 1 M überspringen, 1 Km in die letzte M der Ferse, Arbeit wenden.
11. R.: 1 M überspringen, 1 HStb, 2 HStb, 1 M überspringen, 1 Km.
Nun am Sockenbund weiterhäkeln.
12. R.: 9 M befinden sich nun an der Socke, auf der Ferse 7 M arbeiten, es erfolgt dafür eine Zunahme (= 1 fM in die übersprungene M der 11. R, 2 fM in das 1. HStb der Vorr., 1 fM, 2 fM in das 3. HStb der Vorr. und 1 fM in die übersprungene M der 11. R.), insgesamt in dieser Reihe 16 fM häkeln.
13.–21. R.: 16 fM
Faden abschneiden und vernähen. Zweites Söckchen gleich arbeiten und am Ende eine Lm-Kette von ca. 20 Lm häkeln und am ersten Söckchen befestigen.

Schmetterling:

Körper: 4 Lm anschlagen und mit 1 Km zum Ring schließen.
1. Rd.: in den Lm-Ring folgende M häkeln: 3 Lm, 1 Stb, 2 Lm, *2 Stb, 2 Lm*, von *–* 7 x wdh., mit 1 Km schließen.
2. Rd.: 3 WendeLm, 3 Lm, *2 Stb, 3 Lm*, von *–* 6 x wdh., 1 Stäbchen. (Die Stb werden jeweils um die Lm-Bögen der Vorrunde gehäkelt.). Rd. mit 1 Km in die 3. Übergangsluftmasche schließen.
3. Rd.: 3 WendeLm, 2 Stb, 3 Lm, 3 Stb – *3 Stb, 3 Lm*, von * – * 7 x wdh. (Die Stb werden jeweils um die Lm-Bögen der Vorrunde gehäkelt.) Rd. mit 1 Km in die 3. Übergangsluftmasche schließen.

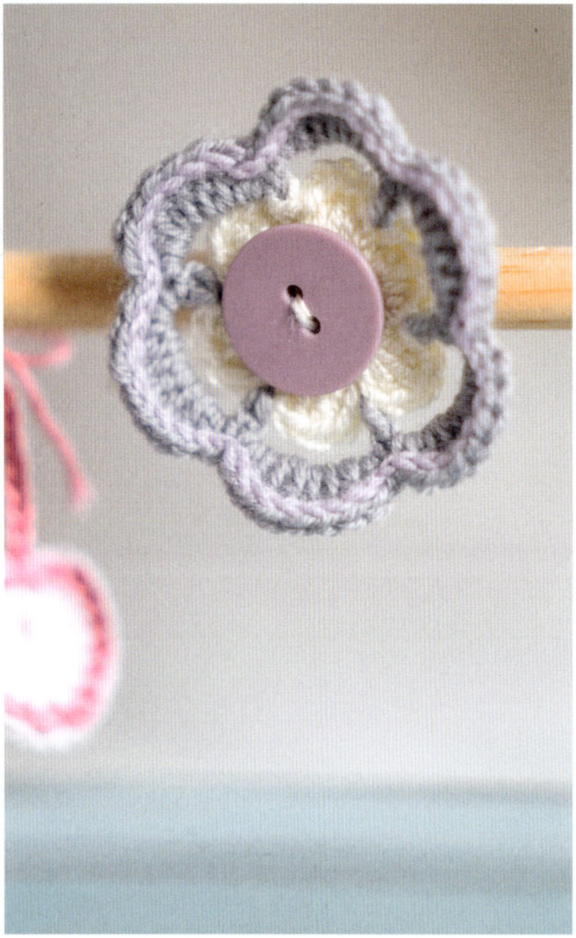

4. Rd.: Farbe wechseln. Mit 1 Km zum ersten Lm-Bogen häkeln. *12 Stb in den Lm-Bogen der Vorrunde, 1 Km in den Zwischenraum der Stb-Trios der Vorrunde*, von *–* 8 x wdh.

5. Rd.: fM

Für den Fühler 17 Lm anschlagen.

1. R.: 5 fM in die 2. M, 5 Km in die 3.–7. Masche. Jetzt ist der 1. Fühler fertig.

7 Lm für den 2. Fühler anhäkeln.

1. R.: 5 fM in die 2. M, 5 Km in die 3.–7. Masche.

Nun feste Maschen entlang der Luftmaschenkette häkeln. Schmetterling falten. Fühler aufnähen. Schmetterling falten und um einen Stab am Bänderrollenhalter legen, mit passendem Faden festnähen.

Blüte:

4 Lm anschlagen und mit 1 Km zum Ring schließen.

1. Rd.: 1 Lm, 6 fM in den Ring häkeln, die Rd. mit 1 Km schließen.

2. Rd.: 1 Lm, *1 fM, 3 Lm*, von *–* 6 x wdh. und Rd. mit 1 Km schließen (= 6 Lm-Bögen).

3. Rd.: 1 Lm, dann um jeden Lm-Bogen wie folgt häkeln: 1 fM, 3 Stb, 1 fM, die Rd. mit 1 Km schließen (= 6 Blütenblätter).

Farbe wechseln!

4. Rd.: 7 Lm, * 1 fM zwischen die nächsten beiden Blütenblätter, 7 Lm*, von *–* 5 x wdh., die Rd. mit 1 Km schließen (= 6 Lm-Bögen).

5. Rd.: 1 Lm, dann wie folgt um jeden Lm-Bogen häkeln: 1 fM, 1 HStb, 5 Stb, 1 HStb und 1 fM, die Rd. mit 1 Km schließen.

Fäden abschneiden und vernähen.

Mit Kontrastfarbe die letzte Reihe mit Km umhäkeln.

Knopf befestigen.

Beißring:

11 Lm anschlagen.

1. R.: 10 fM häkeln und insgesamt 48 R. arbeiten.

Teil auf den Ring aufnähen und die Öffnung schließen.

Kordel häkeln:

3 Lm anschlagen. Durch die 2. und 1. Lm Faden holen (Umschlag). Auf der Häkelnadel befinden sich 3 Schlaufen! *Nun mit dem linken Daumennagel die letzten zwei Schlaufen knapp unter der Nadel fixieren und diese Schlaufen von der Häkelnadel gleiten lassen (1 Schlaufe befindet sich noch auf der Nadel). Faden holen und durch die 1. Schlaufe ziehen. Nun die mittlere Schlaufe wieder auf die Häkelnadel geben, Faden holen und abhäkeln. Zuletzt die 3. Schlaufe wieder aufnehmen, Faden holen und abhäkeln*. Es befinden sich wieder 3 Schlaufen auf der Nadel. Von *–* wdh., bis eine Länge von ca. 55 cm erreicht ist. Dann Faden durch alle 3 M ziehen und mit der „Kordel" eine Blume mit 6 Blütenblättern formen.

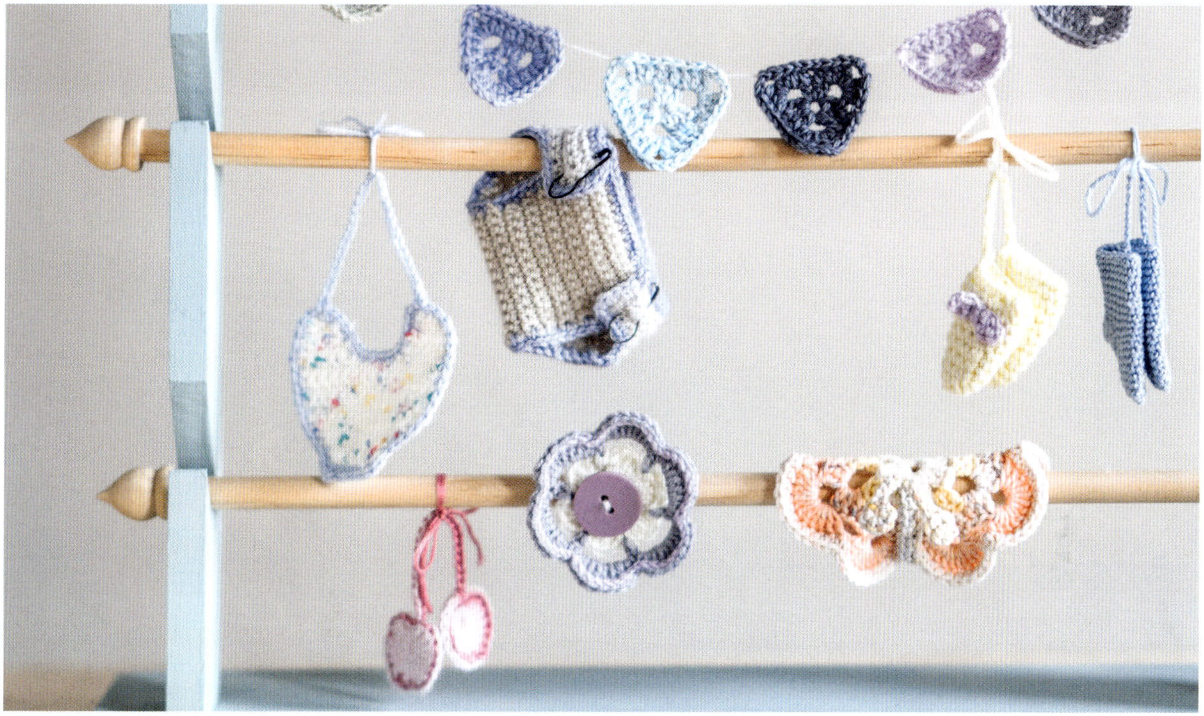

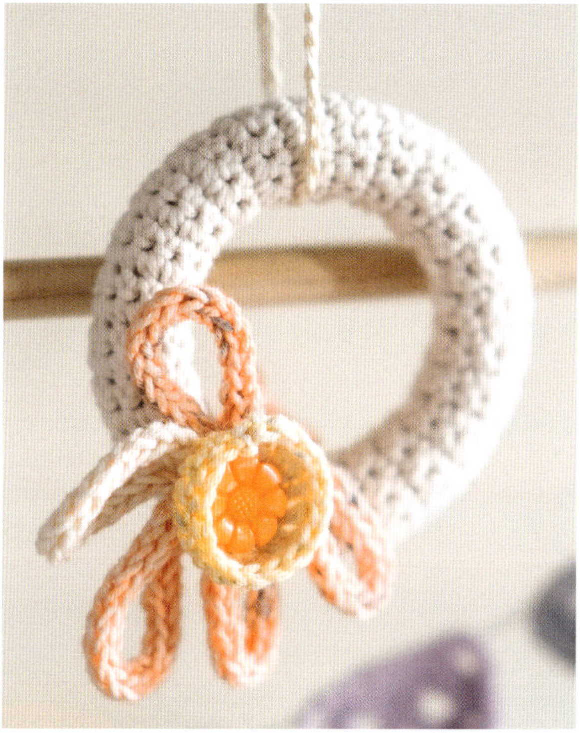

Blütenmitte:

4 Lm anschlagen und mit 1 Km zum Ring schließen.

1. Rd.: 1 Lm, 9 fM in den Ring häkeln und Rd. mit 1 Km schließen.

2. Rd.: 3 Lm, 17 DStb und Rd. mit 1 Km in die 3. Lm schließen.

Faden abschneiden und vernähen bzw. auf die geformte Blume nähen. In die Mitte einen Blumenknopf nähen.

Die gesamte Blume auf den Beißring aufnähen.

Diese kleinen Häkelminis eignen sich auch sehr gut, um als Geschenkeanhänger „zweckentfremdet" zu werden.

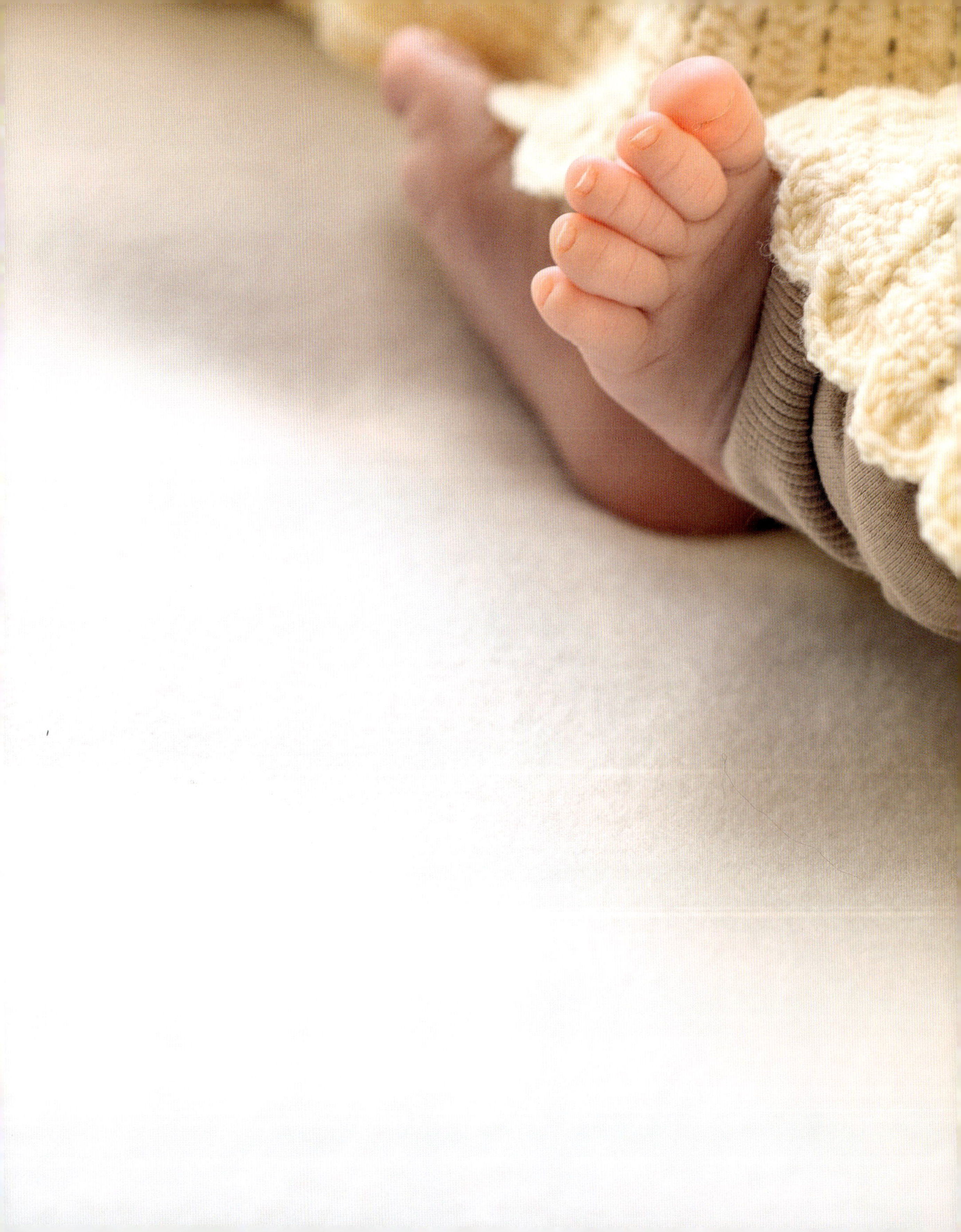

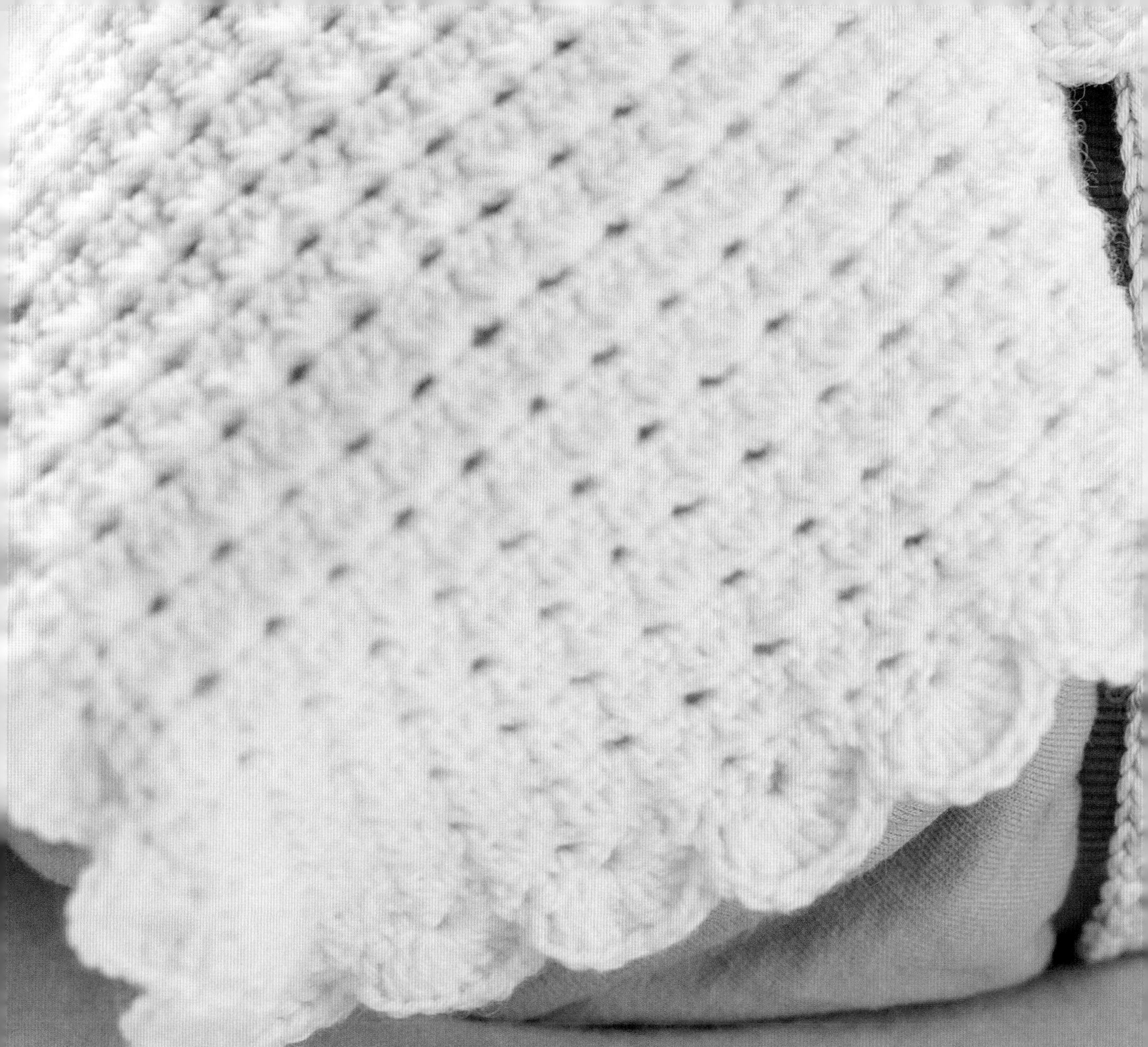

Häkelschule

Luftmaschenanschlag

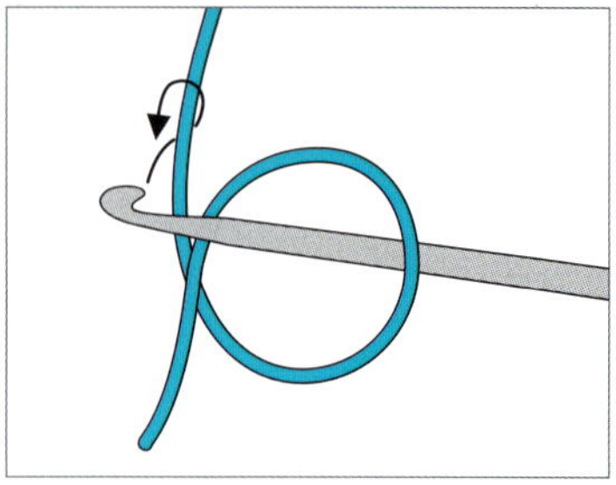

Den Faden zu einem Kreis legen, sodass sich die Fäden kreuzen. Dabei das Fadenende zwischen Zeigefinger und Daumen halten. Die Häkelnadel durch den Kreis führen, den Faden um die Nadel legen und den Umschlag durchziehen. Festziehen!

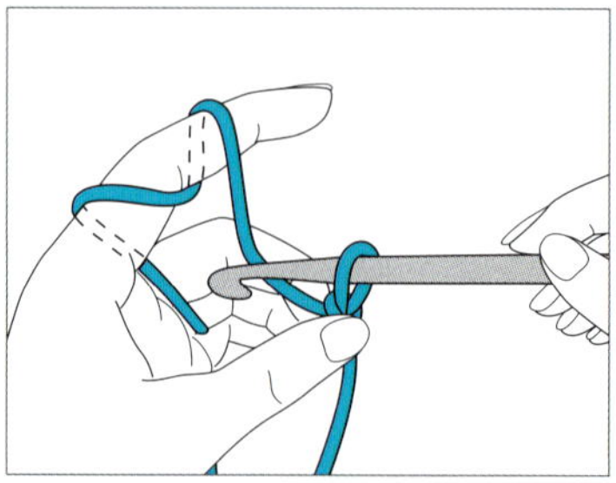

Der Anschlagknoten ist fertig und eine Schlinge liegt auf der Nadel. Den Anschlagknoten mit Daumen und Mittelfinger halten, den Faden vom Zeigefinger mit der Nadel erfassen und durch die Schlinge ziehen.

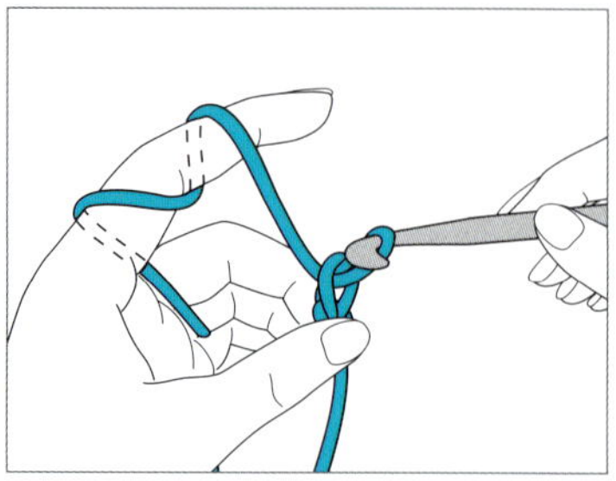

Die erste Luftmasche ist fertig. Wiederholen, bis die gewünschte Luftmaschenzahl erreicht ist.

Fadenring

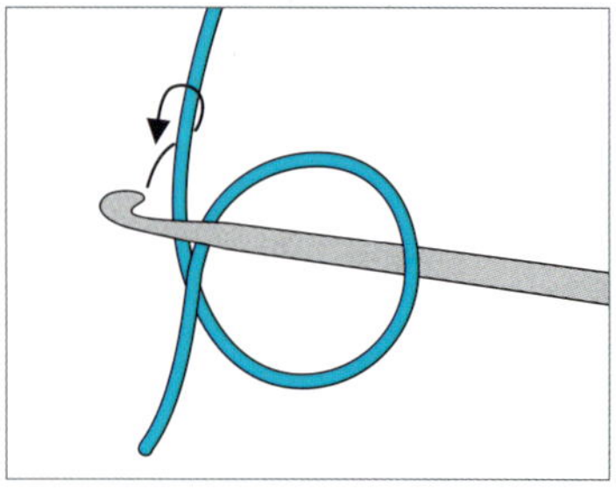

Den Faden zu einem Kreis legen, sodass sich die Fäden kreuzen. Dabei das Fadenende zwischen Zeigefinger und Daumen halten. Die Häkelnadel durch den Kreis führen, den Faden um die Nadel legen und den Umschlag durchziehen. Nicht festziehen!

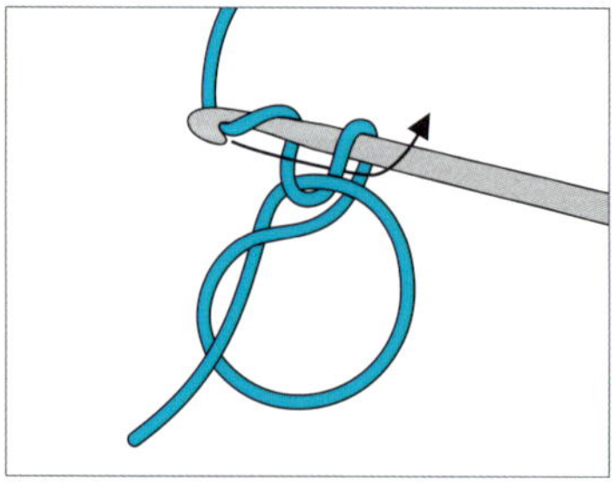

Den Arbeitsfaden um den linken Zeigefinger legen und den Kreuzungspunkt festhalten. Einen Umschlag durch die Schlinge der Nadel ziehen (= eine Luftmasche).

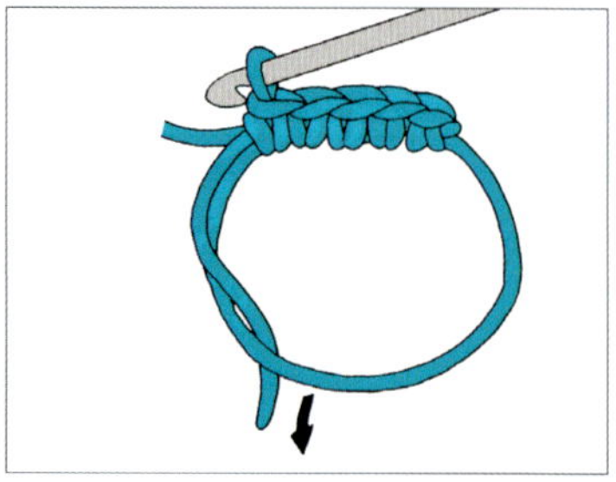

Den Ring wie angegeben behäkeln und am Ende der 1. Runde den Fadenring festziehen.

Häkeln in Spiralrunden

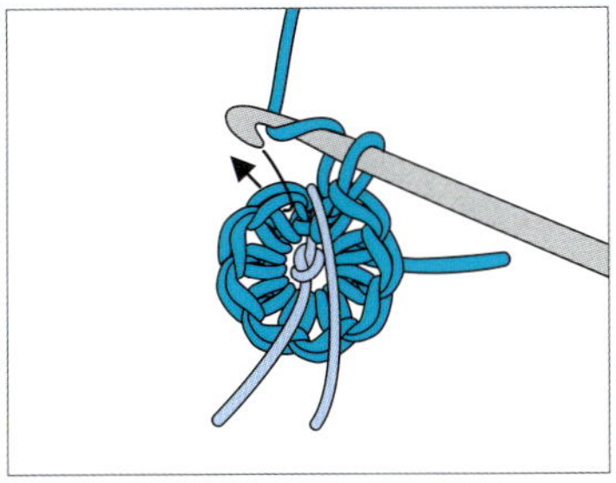

Zunächst die angegebene Maschenzahl in den Fadenring arbeiten und diesen festziehen. Danach für die 2. Runde direkt in die erste feste Masche der 1. Runde einstechen. Dabei den Rundenübergang mit einem Kontrastfaden markieren, denn die Runden schrauben sich spiralförmig in die Höhe, sodass nur schwer zu erkennen ist, wann eine neue Runde erreicht ist. Die Markierung zeigt den Rundenbeginn.

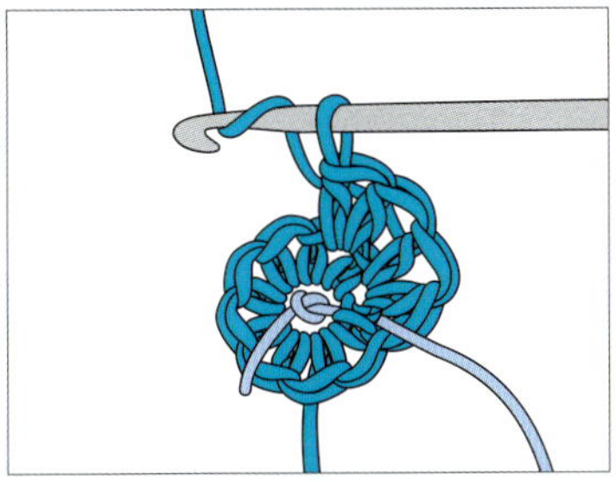

Wie in der Anleitung beschrieben, die 2. Runde häkeln.

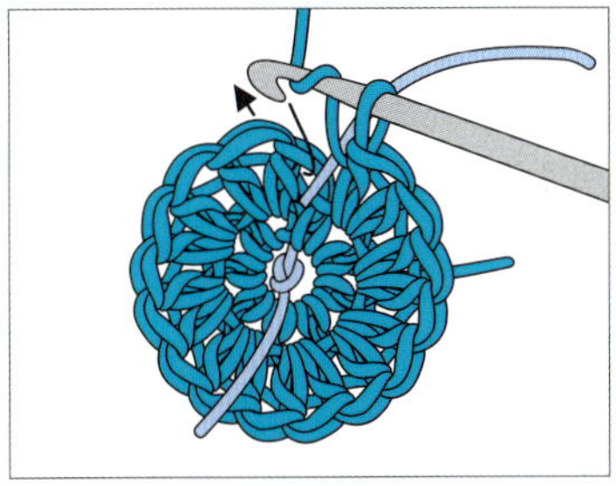

Am Rundenübergang den Markierungsfaden im Wechsel nach vorne bzw. nach hinten legen und entsprechend der Anleitung weiterarbeiten. Nach Beenden der Arbeit den Markierungsfaden herausziehen.

Büschelmaschen

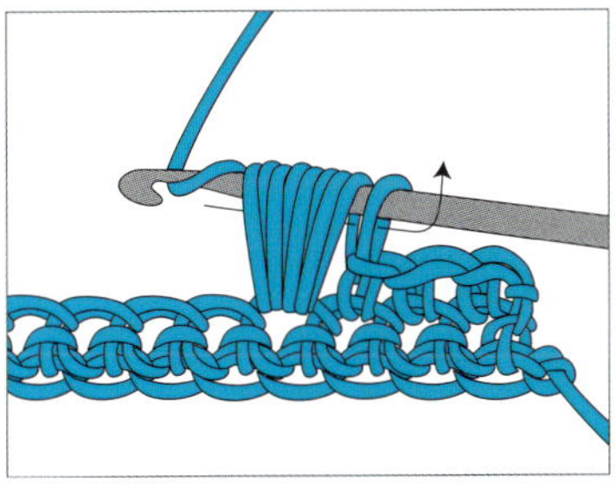

Einen Umschlag um die Nadel legen, einstechen, den Faden holen und durchziehen. Diese Schlinge lang ziehen.

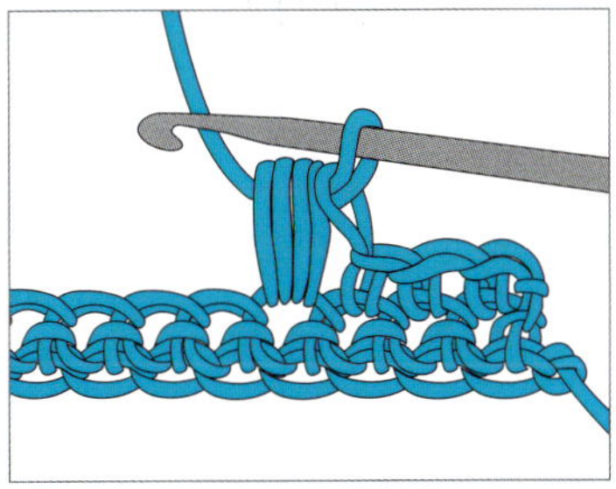

Einen weiteren Umschlag um die Nadel legen, einstechen, eine weitere Schlinge durchholen und lang ziehen. Dies noch 2-mal wiederholen.

Farbwechsel in Spiralrunden und Reihen

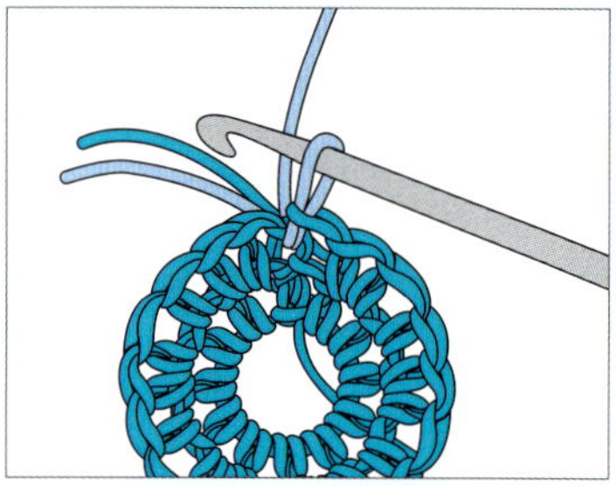

Um einen exakten Farbübergang zu erreichen, bereits die letzte Schlinge der letzten Masche der Vorrunde in der neuen Farbe häkeln. Bei einem Farbwechsel innerhalb der Reihe oder Runde ebenfalls die letzte Schlinge der letzten Masche der vorhergehenden Farbe mit der neuen Farbe häkeln.

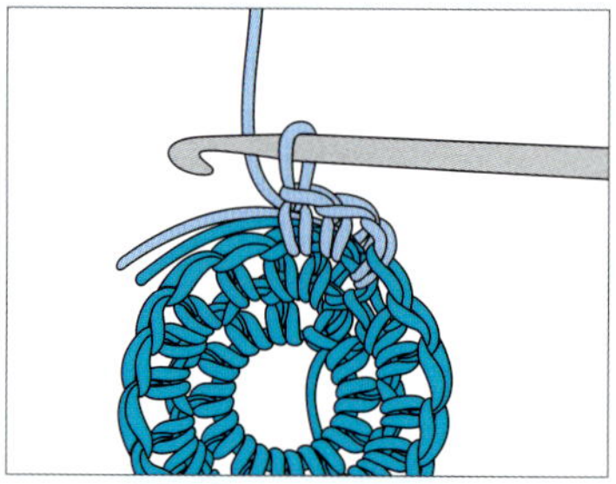

Bei Reihen beide Fadenenden auf die Maschenglieder der Vorreihe legen. Die folgenden 4–5 Maschen über die Fadenenden arbeiten. Dabei wie gewohnt feste Maschen häkeln, in deren Mitte die Fadenenden versteckt und fixiert werden. Überstehende Fadenenden abschneiden. Bei Runden die Fadenenden lediglich auf der Innenseite verknoten.

Wendeluftmasche

Wendeluftmaschen werden wie normale Luftmaschen gearbeitet, implizieren jedoch ein Wenden der Arbeit und werden beim Zurückhäkeln stets übersprungen.

Kettmasche

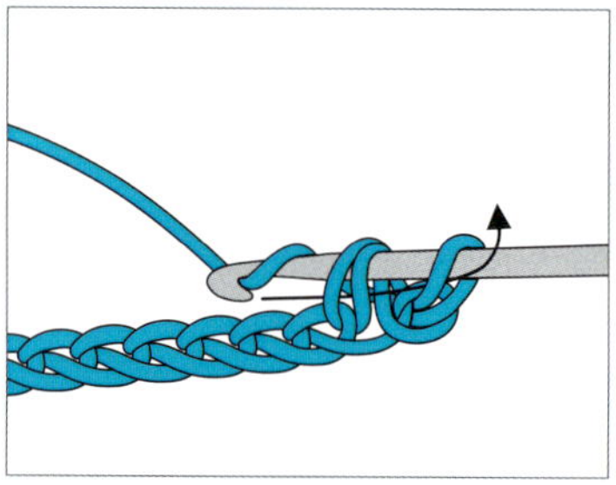

In die vorgesehene Masche einstechen, den Faden um die Nadel legen und diesen Umschlag durch alle Schlingen der Nadel ziehen.

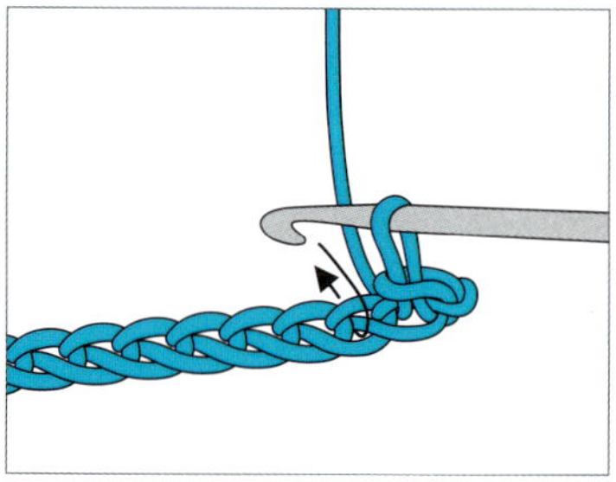

Die Kettmasche ist fertig.

Feste Masche im Kreuzstich

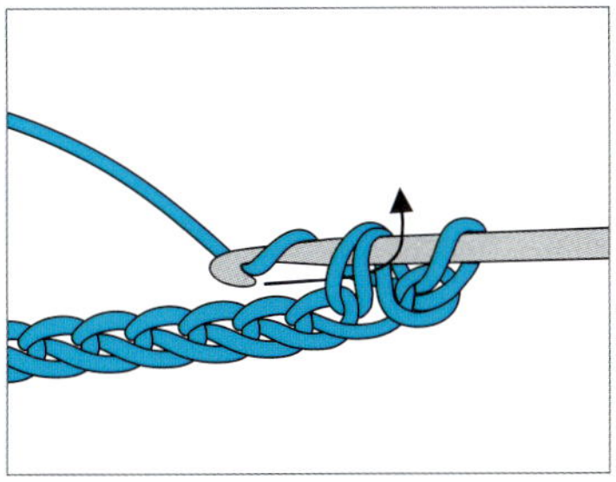

In die vorgesehene Masche einstechen und den Faden von hinten nach vorne um die Nadel legen und durchziehen. Dadurch wird die erste Schlinge um 180° verdreht, sodass die feste Masche etwas dichter und quadratischer aussieht.

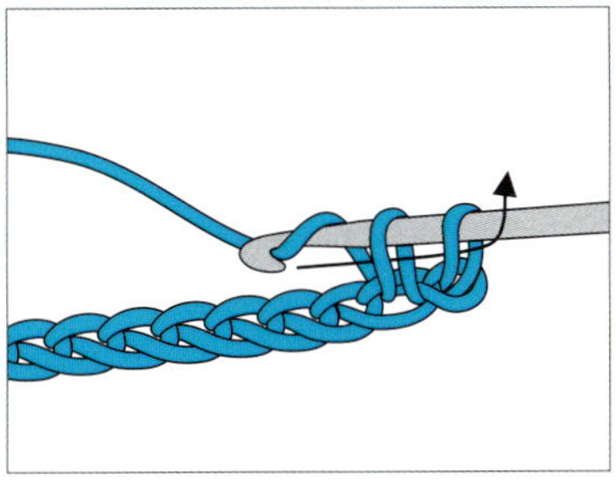

Den Faden erneut um die Nadel legen und durch beide Schlingen ziehen.

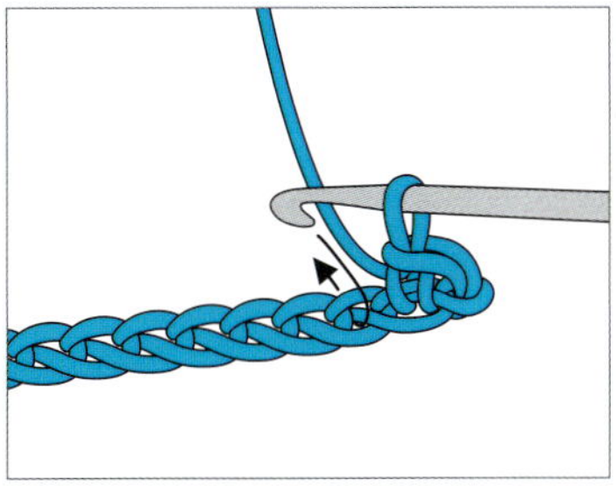

Die feste Masche ist fertig.

Feste Masche in die vordere Schlaufe

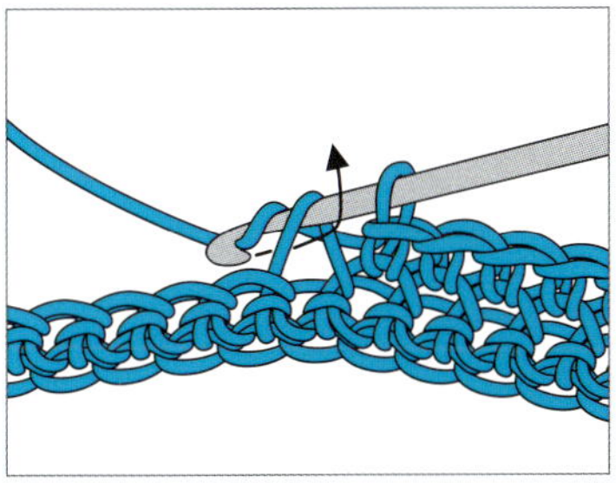

Beim Einstechen in die Masche der Vorreihe/-runde darauf achten, dass stets nur die vordere Schlaufe erfasst wird. Den Umschlag durchholen. Dann wie bei allen festen Maschen den Faden erneut um die Nadel legen und durch beide Schlingen ziehen.

Feste Masche in die hintere Schlaufe

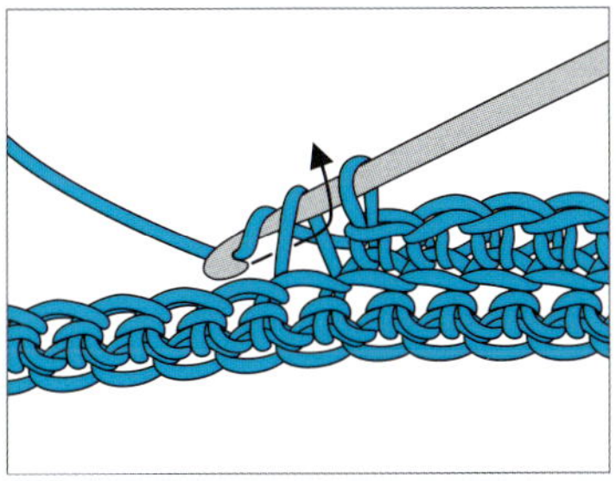

Beim Einstechen in die Masche der Vorreihe/-runde darauf achten, dass stets nur die hintere Schlaufe erfasst wird. Den Umschlag durchholen. Dann wie bei allen festen Maschen den Faden erneut um die Nadel legen und durch beide Schlingen ziehen.

Halbes Stäbchen

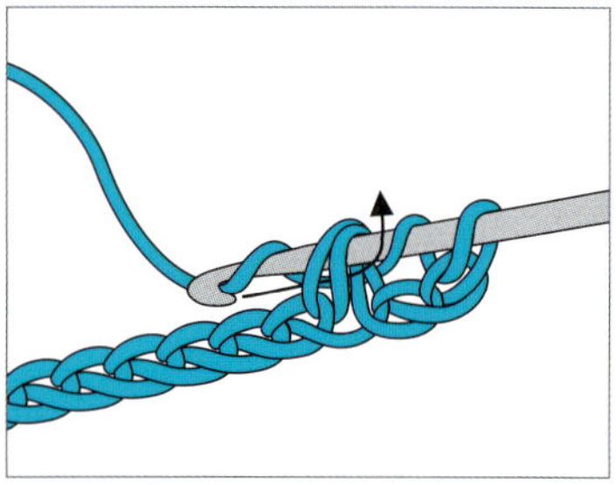

Einen Umschlag um die Nadel legen, in die vorgesehene Masche einstechen. Den Faden holen und durchziehen. Es liegen nun drei Schlingen auf der Nadel.

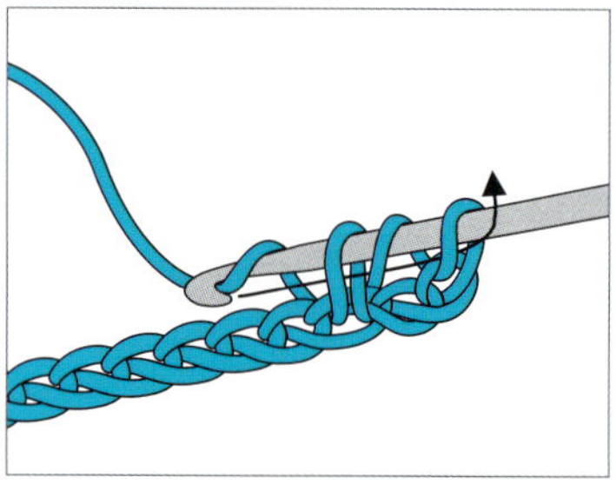

Den Faden nochmals holen und durch alle drei Schlingen ziehen.

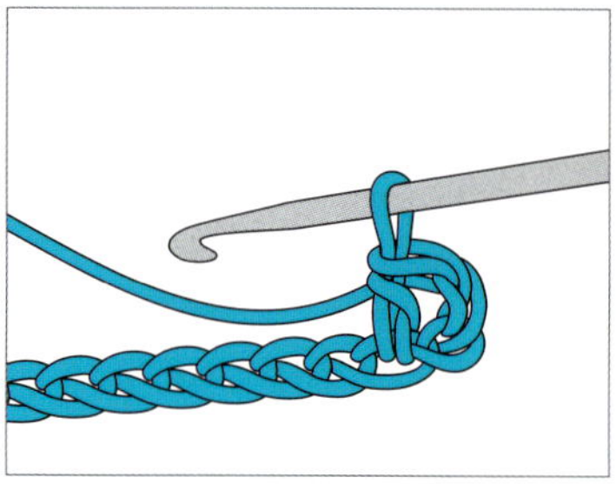

Das halbe Stäbchen ist fertig.

Stäbchen

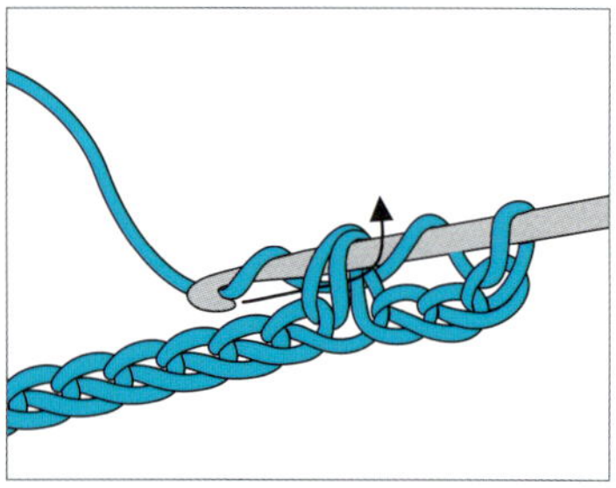

Einen Umschlag um die Nadel legen und in die vorgesehene Masche einstechen. Den Faden holen und durchziehen. Es liegen nun drei Schlingen auf der Nadel.

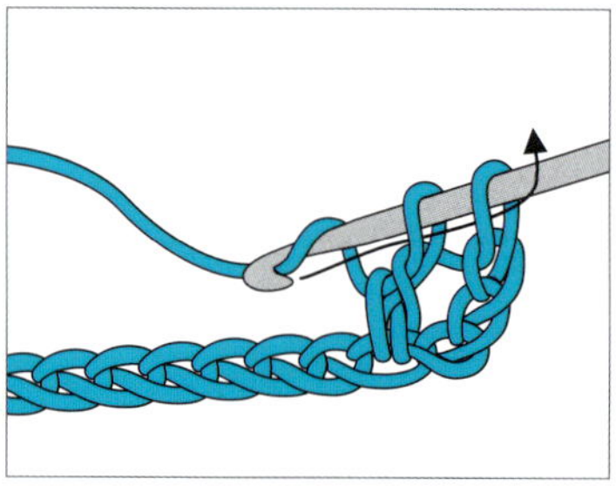

Den Faden erneut holen und durch zwei Schlingen der Nadel ziehen. Es liegen nun zwei Schlingen auf der Nadel.

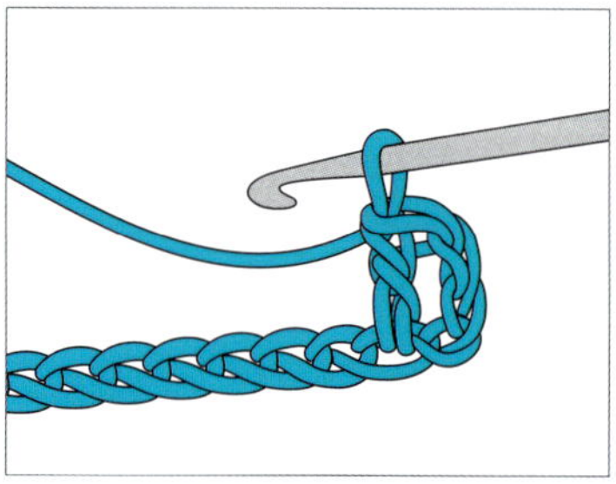

Den Faden nochmals holen und durch die restlichen zwei Schlingen ziehen. Das Stäbchen ist fertig.

Doppelstäbchen

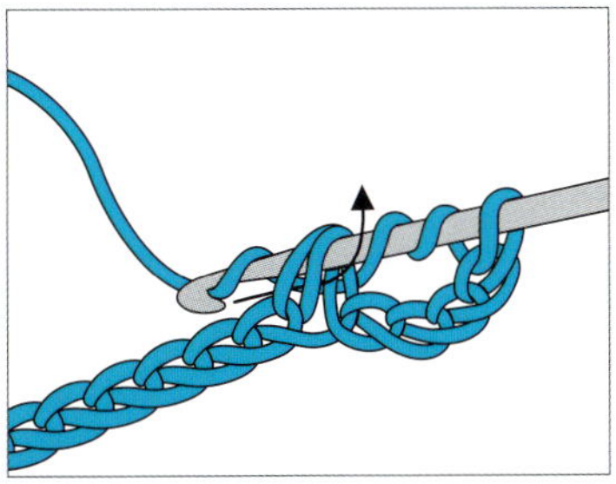

Zwei Umschläge um die Nadel legen und in die vorgesehene Masche einstechen. Den Faden um die Nadel legen. Diesen Umschlag durchziehen.

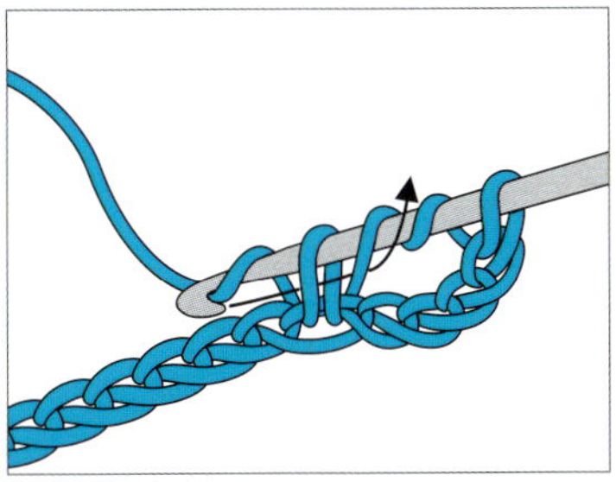

Es liegen nun vier Schlingen auf der Nadel. Den Faden wieder um die Nadel legen. Diesen Umschlag durch zwei der vier Schlingen ziehen.

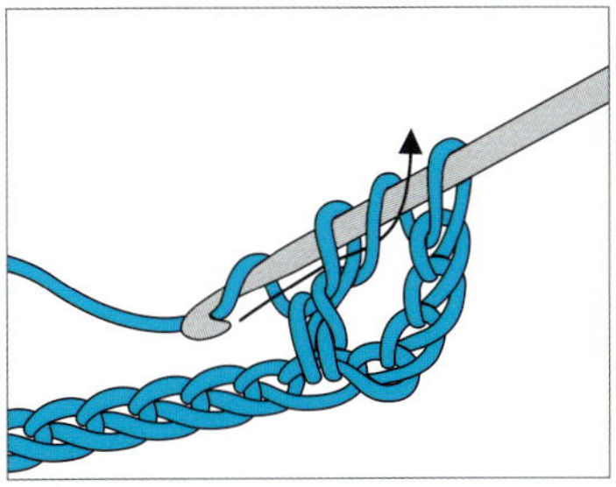

Es liegen nun drei Schlingen auf der Nadel. Den Faden wieder um die Nadel legen. Diesen Umschlag durch zwei der drei Schlingen der Nadel ziehen.

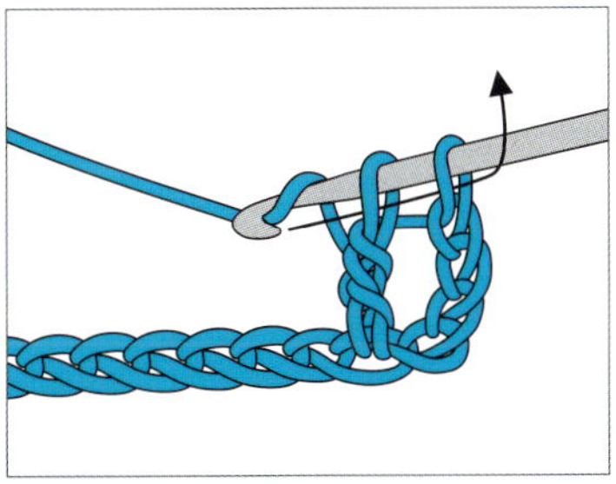

Den Faden noch einmal um die Nadel legen. Diesen Umschlag durch die letzten beiden Schlingen der Nadel ziehen.

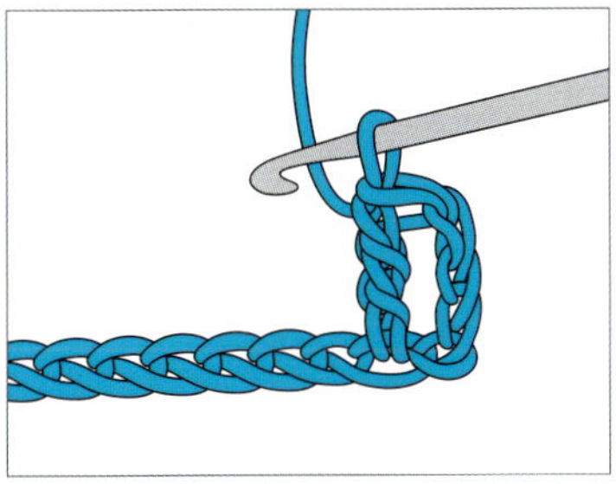

Das Doppelstäbchen ist fertig.

Unsichtbares Zunehmen

Beim unsichtbaren Zunehmen arbeitet man die erste feste Masche nur in die vordere Maschenschlaufe und die zweite feste Masche dann wie gewohnt in beide Schlaufen gleichzeitig.

Achtung: Beim Häkeln in Reihen wird die erste feste Masche immer in die von außen sichtbare Maschenschlaufe gearbeitet. Pro Reihe wird also immer zwischen vorderer und hinterer Schlaufe gewechselt.

Unsichtbares Abnehmen

Beim unsichtbaren Abnehmen wird die Häkelnadel zunächst durch die vorderen Maschenschlaufen der folgenden zwei Maschen gestochen und der Faden dann durch beide Schlaufen gleichzeitig geholt. Der Faden wird dann wie gewohnt durch die beiden Fadenschlingen, die sich nun auf der Häkelnadel befinden, gezogen.

Achtung: Beim Häkeln in Reihen wird die Abnahme immer in die von außen sichtbaren Maschenschlaufen gearbeitet. Pro Reihe wird also immer zwischen vorderen und hinteren Schlaufen gewechselt. Zu beachten ist hier weiterhin, dass beim Häkeln in die vorderen Schlaufen die Häkelnadel erst in die übernächste und dann in die nächste Masche gestochen wird.

Arbeit beenden

Endet die Arbeit mit einer Luftmasche, schneidet man den Faden einfach ab und zieht das Fadenende aus der Luftmasche und dann fest.

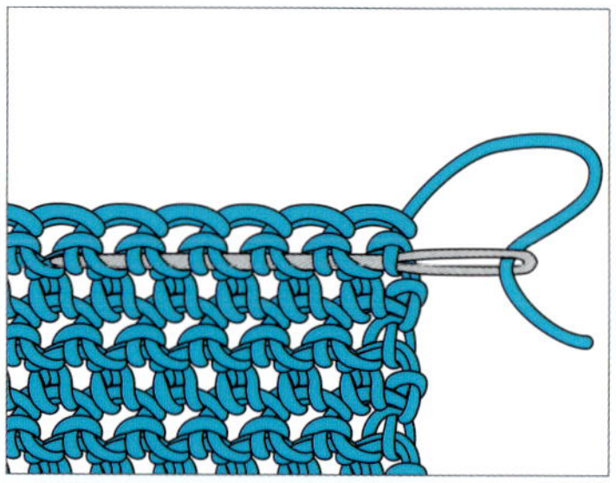

Falls angegeben, zum Vernähen das Fadenende in eine stumpfe Wollnadel fädeln und in die Randmaschen einziehen. Möglichst nicht durch das Garn stechen.

Endet die Arbeit mit einer Kettmasche, schneidet man den Faden ebenfalls ab und zieht ihn aus der Kettmasche. Danach fädelt man den Faden von vorne durch die folgende Masche und dann von oben wieder durch die Kettmasche (= durch die hintere Schlaufe). Damit dies besser hält, das Fadenende nun zusätzlich noch durch die hintere Schlaufe der Masche in der darunterliegenden Runde fädeln.

Abkürzungen

Lm	Luftmasche(n)
Km	Kettmasche(n)
fM	feste Masche(n)
Stb	Stäbchen
DStb	Doppelstäbchen
HStb	halbe Stäbchen
RStb	Reliefstäbchen

vorderes Relief-Stb: 2 Stb, Umschlag, dann die Häkelnadel auf der Vorderseite des Stb der Vorderreihe von re. nach li. führen und Faden ziehen. Dann wie ein Stb abhäkeln.

hinteres Relief-Stb: 2 Stb, Umschlag, dann die Häkelnadel auf der Rückseite des Stb der Vorrunde von re. nach li. führen und Faden ziehen. Dann wie ein Stb abhäkeln.

Picot	3 Lm und 1 fM in die 1. Lm
li.	links
re.	rechts
M	Masche(n)
R.	Reihe(n)
Rd.	Runde(n)
usw.	und so weiter
wdh.	wiederholen

Zusammen abmaschen: Die Nadel in die beiden Schlaufen der ersten Masche einstechen, dann gleich in die Schlaufen der nächsten Masche. Einen Umschlag machen, durch die Maschenglieder ziehen und die fM ganz normal beenden.

Wollportraits

Baumwolle: hochwertiges, kühles Garn, ausgezeichnet geeignet für den Sommer, ist anschmiegsam und strapazierfähig. Es ist deshalb so beliebt, weil dieses Naturmaterial mit einem riesigen Farbspektrum für viele kreative Projekte verwendet werden kann – besonders für Babys und Kinder. Baumwolle kann mit höherer Temperatur gewaschen werden und ist auch für Allergikerinnen und Allergiker geeignet.
Der gleichmäßige, glatte Faden dieses Garns sorgt für ein klares, deutliches Maschenbild, deshalb kommen besonders Ajourmuster gut zur Geltung. Nach dem Waschen liegend trocknen!

Merino: extrafeine Merinofasern aus mulesingfreier Schafhaltung sind die Basis für hochwertige Projekte. Viele gute Eigenschaften: Das Garn kratzt nicht, es wärmt bei kühlen Temperaturen und es kühlt bei wärmeren. Selbst bei mehrmaligem Tragen entwickelt es keine unangenehmen Gerüche. Durch die feinen Haare des Merinoschafes ist es besonders angenehm auf der Haut und sehr leicht bei hoher Wärmeleistung. Das Garn ist schwer entflammbar, knittert nicht und lädt sich nicht elektrostatisch auf.

Für welches Garn man sich auch entscheidet: Pflegehinweis (pflegeleicht, strapazierfähig, filzfrei, waschmaschinengeeignet, Superwash-Ausrüstung usw.) auf der Wollschlaufe beachten! Wollteile immer liegend trocknen!

Häkelnadeln

Wollhäkelnadel: in den Größen 2 bis 10 mm, mit einer Länge zwischen 12 und 15 cm
Material: Aluminium, Bambus, Kunststoff
Griffe können aus Kunststoff, Olivenholz oder Bambus bestehen.
Tunesische Häkelnadel: Da man bei tunesischen Häkelmustern in jeder 2. Reihe alle Maschen auf der Nadel behält, muss sie entsprechend lang sein.
Länge: 22– 30 cm lang (Seilvarianten sind möglich)
Stärken: 2–8 mm
Garn-Häkelnadel: gibt es in den Stärken 0,5 bis 1,75 mm, mit oder ohne Griff.

Nachwort

Einst waren Zweck und Ziel der Handarbeit darauf beschränkt, müßige Stunden möglichst angenehm auszufüllen und nebenbei etwas zu schaffen, was (more or less) gebraucht wird. Heute ist Handarbeit selten bloßer Zeitvertreib, schon deshalb, weil Zeit für die meisten Menschen – gerade in dieser schnellgelebten – sehr kostbar geworden ist. Kreative Menschen suchen ein Gegengewicht zur Hektik der Zeit und einen Ausgleich zur Berufs- und Familienarbeit. Beim Häkeln kommt zur Freude am schönen Material das Glücksgefühl, mit den eigenen Händen etwas zu gestalten, das Geist und Seele erfreut. Es ist das Individuelle, das weit über industrielle Massenproduktion hinausgeht. Bei jedem Stück, das persönlich gefertigt wird, steigt die Freude über das Geschaffte! So manches Muster oder manche Idee kann sehr herausfordernd sein, aber macht auch stolz, wenn am Ende ein gelungenes Stück entstanden ist. Es motiviert zu mehr, es ist persönlich gestaltet, es bereitet Freude – nicht nur den Beschenkten.

Alle Modelle in diesem Buch sind mit wenigen Vorkenntnissen zu schaffen. Nehmen wir die Nadel in die Hand und legen los!

Gutes Gelingen!

Danke

Mein Dank gilt vor allem meiner Mutter und meiner Großmutter, beide haben mich seit frühester Kindheit inspiriert und gefördert.

Herzlichen Dank an meine Familie für die Geduld und den Freiraum, beides hat mir mein Hobby erst ermöglicht.

Ein ganz besonderes Danke an das Verlagsteam, das mich bei der Umsetzung dieses Buches so toll unterstützt hat.

Einfach DANKE!

Impressum

Autorin: Ruth Maierl
Fotos: Anne Schulz
Produktmanagement: Lena Denu
Lektorat: Brigitte Schnock
Korrektorat: Mareike Weber
Umschlaggestaltung: Ina Zimmermann
Layout: Silke Schüler
Repro: LUDWIG:media
Herstellung: Julia Hegele
Printed in Poland by CGS Printing

★★★★★

Sind Sie mit diesem Titel zufrieden? Dann würden wir uns über Ihre Weiterempfehlung freuen. Erzählen Sie es im Freundeskreis, berichten Sie Ihrem Buchhändler oder bewerten Sie beim Onlinekauf. Und wenn Sie Kritik, Korrekturen oder Aktualisierungen haben, freuen wir uns über Ihre Nachricht an Christian Verlag, Postfach 40 02 09, D-80702 München oder per E-Mail an lektorat@verlagshaus.de.

Unser komplettes Programm finden Sie unter

www.christophorus-verlag.de

Die Deutsche Nationalbibliothek verzeichnet diese Publikation in der Deutschen Nationalbibliografie; detaillierte bibliografische Daten sind im Internet über www.dnb.de abrufbar.

ISBN 978-3-8410-6744-9

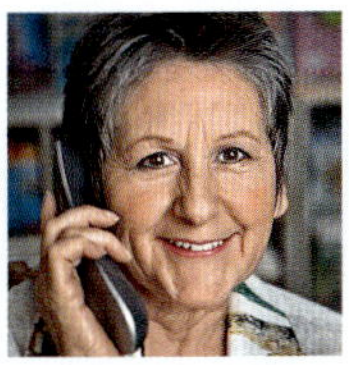

Kreativ-Service

Sie haben Fragen zu den Büchern und Materialien? Frau Erika Noll ist für Sie da und berät Sie rund um alle Kreativthemen. Rufen Sie an! Wir interessieren uns auch für Ihre eigenen Ideen und Anregungen. Sie erreichen Frau Noll per E-Mail: **kreativ-service@c-verlag.de** oder **Tel.: +49 (0) 89 130699577**

Besuchen Sie uns im Internet: www.christophorus-verlag.de & www.selbstgemacht.de

Ebenfalls erhältlich ...

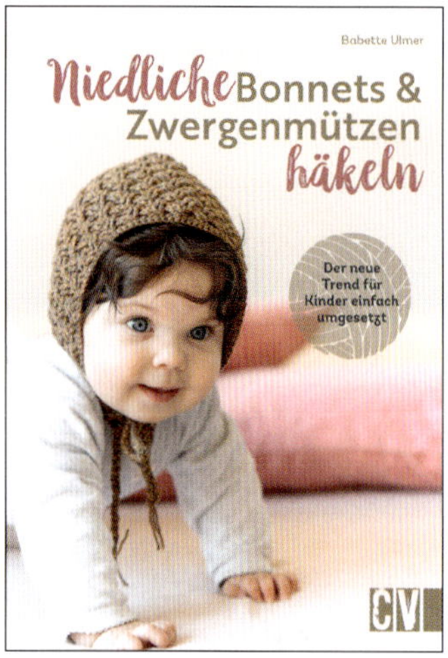

ISBN 978-3-8410-6691-6

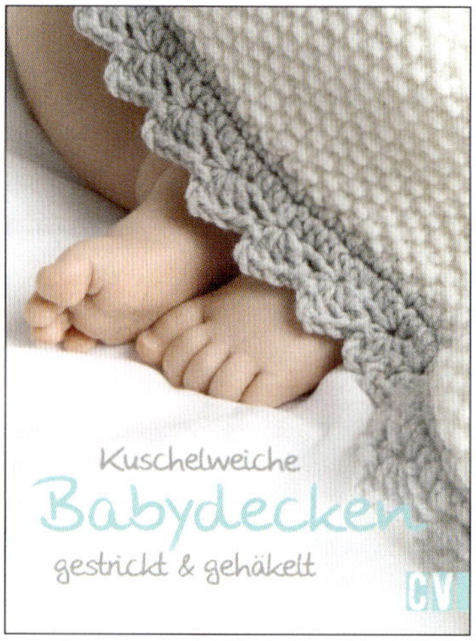

ISBN 978-3-8410-6420-2

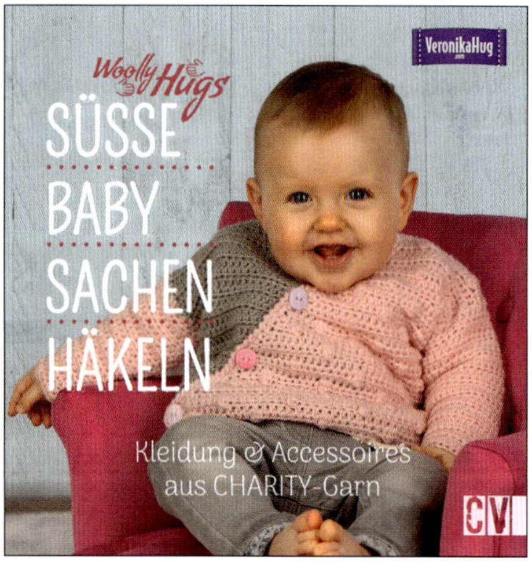

ISBN 978-3-8410-6581-0

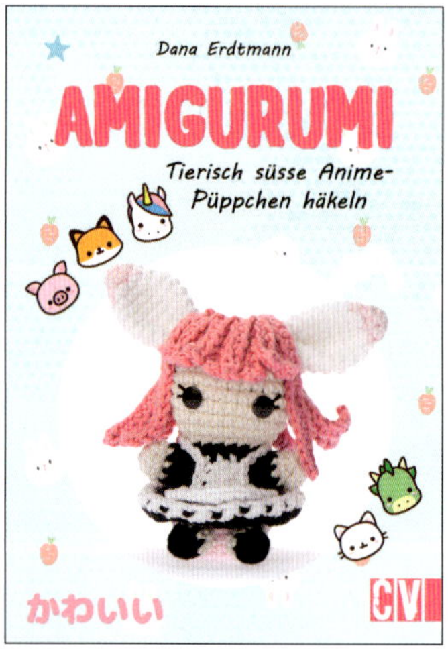

ISBN 978-3-8410-6612-1

www.christophorus-verlag.de